社群营销与直播实战宝典

如何打出私域流量倍增、直播带货与社群营销组合拳

凯 瑞 郑清元 ◎ 著

机械工业出版社
CHINA MACHINE PRESS

直播带货时代，直播已经成为产品销售与营销的主渠道之一，未来直播会成为企业、商家营销的标配。但粗放式的直播已经没有机会了，只有精细化、精准运营的直播，只有和社群运营融合在一起的直播，才是未来竞争的高地。未来，没有社群的直播，无法做好直播粉丝倍增和反馈追踪；没有直播的社群，无法做好社群粉丝的转化和复购。唯有"直播 + 社群营销"组合拳才是企业获得流量、持续成交的绝招。

本书从直播与社群的融合讲起，通过剖析直播如何与社群运营配合、社群如何与直播带货配合、社群和直播如何精细化运营等，详细讲解"直播 + 社群营销"组合拳的策略与方法。本书案例丰富，内容翔实，不但有思维层面的开拓，更有落地的方法指导，是创业者、企业营销人员不可多得的实用宝典。

图书在版编目（CIP）数据

社群营销与直播实战宝典 / 凯瑞，郑清元著. -- 北京：机械工业出版社，2021.9
ISBN 978-7-111-69077-1

Ⅰ．①社… Ⅱ．①凯… ②郑… Ⅲ．①网络营销 Ⅳ．①F713.365.2

中国版本图书馆CIP数据核字(2021)第184343号

机械工业出版社（北京市百万庄大街22号　邮政编码100037）
策划编辑：解文涛　　责任编辑：解文涛　刘怡丹
责任校对：黄兴伟　　责任印制：李　昂
北京联兴盛业股份有限公司印刷

2021年9月第1版第1次印刷
170mm×230mm・15印张・1插页・203千字
标准书号：ISBN 978-7-111-69077-1
定价：69.80 元

电话服务　　　　　　　　　网络服务
客服电话：010-88361066　　机 工 官 网：www.cmpbook.com
　　　　　010-88379833　　机 工 官 博：weibo.com/cmp1952
　　　　　010-68326294　　金 书 网：www.golden-book.com
封底无防伪标均为盗版　　机工教育服务网：www.cmpedu.com

前言

很多人认为2020年必将是我国商业发展历程中灰暗的一年,毕竟一场席卷全球的新冠肺炎疫情对我国商业市场产生了巨大冲击,据相关数据显示,仅2020年1月—3月宣告破产的企业就高达700余家。

我们将时间聚焦到2020年下半年,端正心态审视各大行业的发展之势。在新媒体科技的助力下,一套"直播+社群营销"组合拳开始崭露头角,它令新媒体时代的企业、商家表现出不惧市场竞争、不惧时代考验的特点。如果说随着5G时代的到来,自媒体科技的普及是新时代的风口,那么"直播+社群营销"组合拳便成了新风口下的风向标,在这种商业模式下,企业、商家不仅重新激活了自身沉寂的生命力,更将自身代入高速发展的赛道当中。

任何商业都离不开流量变现,我们指导100多家品牌企业践行了"直播+社群营销"模式,帮助品牌企业实现了私域流量的爆破倍增和转化成交。我们在一场私域直播中创下了带货成交额超过600万元、引流超过10万人的行业纪录。

为了赋能更多的创业企业、创业个体,使其可以通过直播和社群的玩法实现流量变现,我们策划、编写了本书,将"直播+社群营销"这一贴合时代发展的营销模式进行了全方位的剖析与阐述,借助新媒体时代的发展特色,清晰地展示了"直播+社群营销"组合拳的实力与优势。

全书分为6章,通过鲜明观点和真实案例的描述,为读者呈现了一套完整的"直播+社群营销"运营模式。本书从社群营销与直播带货的基础理论出发,层层递进讲解两者如何巧妙结合,进而产生1+1＞2的效果,正是两者互补互助的特性,才令"直播+社群营销"组合拳在新媒体时代发挥的作用越来越大。

本书不仅是一本侧重理论知识的工具书,更是一本可以切实帮助企业、商家获得收益的实操手册。

5G时代的到来再次加速了新媒体的发展,相信本书定会为你带来启迪与帮助,你的收获就是我们最大的欣慰。同时,也欢迎各位读者对本书提出诚恳的建议,以便我们及时改正。

目录

前言

第 1 章　"直播 + 社群营销"组合拳，引爆流量与成交　1
 1.1　直播电商展示"新车""新赛道"　2
 1.2　直播带货时代，直播与社群一个都不能少　10
 1.3　社群裂变与直播间爆粉的秘密　16
 1.4　"直播 + 社群营销"组合拳的 4 个功效　21
 1.5　"直播 + 社群营销"组合拳的 3 个思维　27

第 2 章　社群精细化搭建策略与技巧　33
 2.1　筑巢引凤：用户为什么进你的社群　34
  2.1.1　什么是优质社群　34
  2.1.2　优质社群的内在需求　35
  2.1.3　搭建优质社群的关键要素　38
  2.1.4　社群搭建的深度思考　39
  2.1.5　社群用户需求的统一方式　39
 2.2　精细化搭建高吸引力社群的 4 个步骤　41
  2.2.1　社群名称如何拟定　42

	2.2.2 群主昵称如何设置	44
	2.2.3 社群主题如何确定	45
	2.2.4 社群活动计划如何展示	47
2.3	社群公告：引爆社群的秘密	50
	2.3.1 社群公告的设置	50
	2.3.2 清晰的时间计划	52
	2.3.3 清晰的社群福利	54
	2.3.4 清晰的行动指令	56
2.4	会员制社群的搭建与管理	58
	2.4.1 如何建群、拉群	58
	2.4.2 社群的日常运营计划	61
	2.4.3 社群的周运营策略	63
	2.4.4 社群的月运营策略	65
2.5	私域粉丝社群转化策略	68
	2.5.1 私域粉丝裂变沉淀策略	69
	2.5.2 私域粉丝向社群粉丝转化的技巧	70
	2.5.3 社群维护策略	72

第 3 章 社群裂变拓客策略与技巧　　75

3.1	社群裂变拓客的价值	76
	3.1.1 社群裂变使初始流量倍增	77
	3.1.2 社群裂变为直播培育高黏性粉丝	77
	3.1.3 社群裂变为直播间导流首批活跃粉丝	79
3.2	社群运营前期管理策略与技巧	80
	3.2.1 社群裂变统筹时的社群分类	80
	3.2.2 快闪福利社群分类	83
	3.2.3 A 类大脑指挥社群	83
	3.2.4 B 类群主指挥社群	84
	3.2.5 C 类活动社群	84

3.3 社群裂变流程拆解 86
    3.3.1 预热期 86
    3.3.2 裂变期 87
    3.3.3 留存期 88
    3.3.4 直播期 89
    3.3.5 营销期 90
    3.3.6 成交期 90

3.4 先找种子用户，再做圈层裂变 92
    3.4.1 用户关系与用户分级 92
    3.4.2 如何获得高质量种子用户 95

3.5 如何制定机制，快速裂变活动群 97
    3.5.1 裂变活动基础步骤 97
    3.5.2 裂变活动引流方法 98
    3.5.3 裂变活动邀约模板 99
    3.5.4 裂变活动健全体系 100

3.6 如何制定成交方案，让客户不得不成交 104
    3.6.1 社群成交转化设计 105
    3.6.2 社群成交文案模型 107
    3.6.3 社群成交的打法 108

3.7 如何采用比拼模式，给团队定指标、下任务 111
    3.7.1 团队奖励计划 111
    3.7.2 群主裂变流量激励政策 111
    3.7.3 群主销售激励政策 113
    3.7.4 经销商团队执行要求 114
    3.7.5 流量冲刺与拉新订阅 114

第 4 章　直播时如何利用社群引爆流量　117

4.1 直播前社群活跃度运营技巧 118
    4.1.1 直播前如何提高社群活跃度 118
    4.1.2 直播前如何设计社群运营脚本 120

4.2 直播前如何做好策划才能提升裂变效果 123
  4.2.1 如何设计直播活动裂变海报 123
  4.2.2 如何创建直播活动封面更吸粉 130
  4.2.3 直播间环境如何进行标准化设计 131
  4.2.4 直播脚本设计 133
  4.2.5 直播活动流程设计 134
  4.2.6 直播人员的设计 136
  4.2.7 直播全流程策划模板 137
4.3 直播与社群双向互动与导流策略 143
  4.3.1 社群如何配合直播间预热 143
  4.3.2 社群与直播双向互动执行流程 145
4.4 直播与社群通用的破冰五法 147
  4.4.1 悬疑数字破冰法 147
  4.4.2 赞美破冰法 149
  4.4.3 诊断破冰法 150
  4.4.4 用途破冰法 151
  4.4.5 直接破冰法 151
4.5 直播与社群通用的爆款文案公式 153
  4.5.1 引起共鸣的爆款文案公式 154
  4.5.2 引发好奇的爆款文案公式 155
  4.5.3 引起互动的爆款文案公式 155
  4.5.4 表达鼓励的爆款文案公式 156
  4.5.5 干货输出的爆款文案公式 157
  4.5.6 结合热点的爆款文案公式 157

第 5 章 直播带货引爆销量的策略与方法 159

5.1 直播带货对社群运营的 4 个价值 160
  5.1.1 直播使社群流量倍增 161
  5.1.2 直播可增强社群粉丝的信任度 162
  5.1.3 直播可以塑造品牌、种草产品 163

5.1.4 直播可以推动社群粉丝的成交变现 164
5.2 引爆直播间的 4 个关键 165
 5.2.1 主播心态的培养 165
 5.2.2 引爆直播间氛围的 6 种方法 167
 5.2.3 直播间产品展示的 3 个绝招 169
 5.2.4 直播间产品卖点展示策略 170
5.3 直播间爆品打造的逻辑与技巧 172
 5.3.1 如何准确分析直播间用户的心理 172
 5.3.2 如何将卖点与场景进行融合，引起用户注意 175
 5.3.3 如何将情感与福利进行融合，赢得用户青睐 175
 5.3.4 如何将利益点与秒杀进行融合，实现销售 176
5.4 直播间成交的 5 个步骤 179
 5.4.1 巧抓注意力 179
 5.4.2 激发兴趣 180
 5.4.3 建立信任 180
 5.4.4 刺激强欲望 181
 5.4.5 催促快行动 182
5.5 直播间追单策略与技巧 183
 5.5.1 追单语言技巧 183
 5.5.2 追单语言模板 186
5.6 高客单价产品转化成交技巧 188
 5.6.1 文案引导 + 设置悬念，引起用户好奇 189
 5.6.2 抓痛点挖需求，让用户产生共鸣 190
 5.6.3 梳理用户的问题，并站在用户的角度进行解答 192
 5.6.4 分享干货，打破信息不对称 193
 5.6.5 擅长讲故事，赋予产品意义 194
 5.6.6 帮助用户想象拥有时的样子 195
 5.6.7 玩转价格策略，花式制造紧迫感 196
 5.6.8 组织团购活动，快速冲销量 196

第 6 章　直播后社群追销升客及社群带货的策略与技巧　199

6.1 直播后社群追销升客的 3 个策略　200
- 6.1.1 直播结束后如何做好回访咨询　200
- 6.1.2 社群种草产品如何做促单　203
- 6.1.3 如何通过踢单、晒单做升单　205

6.2 社群带货活动的 4 个步骤　207
- 6.2.1 社群带货的 3 个原则　207
- 6.2.2 步骤 1：预热铺垫　210
- 6.2.3 步骤 2：KOL 导师分享　211
- 6.2.4 步骤 3：KOC 产品种草　213
- 6.2.5 步骤 4：引导下单　214

6.3 社群种草的 5 个流程　215
- 6.3.1 抛出问题，吸引用户　215
- 6.3.2 进行专业分析，提供解决方案　217
- 6.3.3 塑造产品卖点　218
- 6.3.4 营造场景，助销展示　219
- 6.3.5 引导下单，限时限量　221

6.4 社群常用的成交踢单技巧　222
- 6.4.1 限时优惠法　222
- 6.4.2 价值前置法　223
- 6.4.3 会员特权法　223
- 6.4.4 晒单踢单　224
- 6.4.5 1 对 1 私信群发通知　224

后记　226

第1章 "直播+社群营销"组合拳，引爆流量与成交

2020年，在新冠肺炎疫情的影响下，全国70%以上的实体企业遭受巨大冲击，甚至某些品牌从此销声匿迹，纵观疫情之后的市场格局，我们不难发现，逆境中生存、发展的企业与自身规模无关。这些企业的相同点可以用两个成语来归纳——"居安思危"和"未雨绸缪"。这两个成语在新媒体时代最佳的表现方式是"直播+社群"。

1.1 直播电商展示"新车""新赛道"

2020年2月12日，全球知名的新经济产业第三方数据挖掘和分析机构艾媒咨询发布了《2020—2021年中国直播电商行业运行大数据分析及趋势研究报告》。报告显示，2019年，我国直播电商行业总规模达到4338亿元，仅2019年"双11"当天，淘宝直播成交额就接近200亿元，其中成交额过亿元的直播间超过10个，成交额超1000万元的直播间超过100个。更值得大家关注的是，2019年"双11"活动开启仅63分钟，淘宝直播间的成交额就超过了2018年"双11"的总成交额。

不得不承认，作为电商流量蓝海的新媒体直播已经成了时代的风口，而且越刮越猛，大风口已经逐渐转变为"大疯口"。为此，艾媒咨询大胆预测，2020年我国直播电商交易规模预计将达到9160亿元。在这种趋势下，直播电商传播路径短、效率高的优势更加突出，企业、平台、主播和消费者将出现四方共赢的市场新局势。

2020年年初，突如其来的新冠肺炎疫情对我国传统实体市场带来了巨大冲击，但新媒体市场不退反进，抖音、快手等自媒体平台流量倍增，电商发展蓬勃向上。

事实上，我国最早的直播电商可以追溯到2016年，正是这一年，直播电商的风口悄然出现。经历了4年的发展,新媒体市场从诞生到野蛮生长,再到规范管理,而后进入了成熟时期。如图1-1所示,经过前期铺垫,我国新媒体市场已越发稳定、健康。

图1-1 我国新媒体市场经历的四个阶段

2020年之后,新媒体市场将以更加成熟、稳健的姿态高速发展,直播电商将在时间成本、社交属性、购物体验、平台特色等各个维度凸显自身优势,风口下风势依然在不断加大。

风口下商业发展水涨船高,明星试水、品牌裂变、技术革命的加码让2020年的新媒体市场呈现一片红火。但大势所趋下依然有无数人未能通过风口的新规大考,在资本高地的争夺中,众多玩家落水,抬头仰望山巅强者才猛然发现,在成熟阶段的新媒体市场当中,必须有私域流量的加持才能够更胜一筹,单纯的直播带货已凸显疲软,一套"直播 + 社群"的新规悄然涌现。

据艾媒咨询的数据显示,2020年移动电商用户规模有望达到7.88亿人,虽然数字庞大,但相较前几年而言,增长量却开始下降。如图1-2所示,2016—2020年移动电商用户的增长趋势已逐渐趋缓。

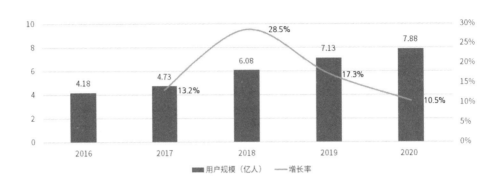

图 1-2　2016—2020 年移动电商用户增长趋势①

但相比之下我国零售电商销售额的比重却在逐年上升。如图 1-3 所示，我国网络零售额占比上升状态仍在持续，这不仅代表我国消费者的消费习惯在发生变化，更标志着新媒体电商市场的潜力依然巨大，财富密码有待发掘。

图 1-3　我国网络零售额占比逐年上升①

仅 2019 年上半年，我国网络零售额就高达 48160.6 亿元，这一数据占 2019 年我国社会消费品零售总额的 24.7%。随着新媒体电商模式对大众的不断刺激，新媒体消费渠道对于大众生活已越来越重要。

① 相关数据和图表均来自艾媒数据中心。

不难看出，如今在市场规则、商业模式相对成熟的新媒体市场当中，各大自媒体平台用户规模逐渐触顶，企业、商家获取公域流量的成本翻倍增长。此时，私域流量就成了各大企业、商家保持高速发展的救命稻草，"直播+社群"新型电商模式将成为催生市场新风口的重要契机。

据艾媒咨询的数据显示，我国2020年在线直播用户将超过5.24亿人。如图1-4所示，相较2016年，我国的直播用户增长规模已经达到了67%，而在这个庞大的群体当中有超过20%的直播用户可以称得上是优质主播，且不乏行业KOL，但对当代网红、大V而言，自己的老板绝对不是背后的品牌商，而是屏幕前的粉丝。何为网红？粉丝多，私域流量大，被更多人关注的主播，这才是网红的真实释义。

图1-4 2016—2020年我国直播用户规模增长趋势①

在新媒体市场发展的过程中，出现的最大变化不是用户基数的增长，而是用户属性的改变。2016年新媒体市场的特点是，用户愿意花费更多时间关注某个平台，但2020年之后，用户思维则变为了花费更多时间去关注平台上的某个主播，并且愿意为这份关注买单。

如果问新媒体电商对传统电商带来最大的改变是什么？还是商业模式。这也是自互联网时代到来后，电商模式的第四次变更。

① 相关数据和图表均来自艾媒数据中心。

电商模式的第一阶段：互联网时代初期，零售平台引流，方便消费者购物，打通了"人找货"的线上路径。

电商模式的第二阶段：互联网时代成熟期，零售平台规范化高速发展，平台优化算法与逻辑，帮助更多优质企业、商家打通了"货找人"的路径。

电商模式的第三阶段：新媒体时代初期，自媒体平台基于社交属性的野蛮成长，打通了企业、商家"人带货"的路径。

电商模式的第四阶段：新媒体时代成熟期，自媒体平台规范用户的电商运作，打通了粉丝"人找人"的路径。

如图 1-5 所示，在不同的时代，电商模式拥有不同的特点。

图 1-5　电商模式的四个阶段

随着电商运营逻辑的变化，2020 年以红人为载体、以内容为媒介的直播带货已经变得不再单纯，企业、商家提供产品，通过各大平台的大 V、KOL 生产内容、触达用户，决定胜负的不再是从商家到用户的单向输出，而变为了用户对平台大 V、KOL 的私域度。换而言之，商家找平台大 V 带货成功与否，不在于大 V 拥有多少公域流量，关键在于他拥有多少持久的私域流量。

因为2020年之后,新媒体电商的规则已经明确表明"当代消费群体的需求,以人为核心,以人为媒介,在人格化的认同之上,才有促进商品销售的信任感"。

基于这一规则,我们不难看出,未来新媒体电商的发展,将从以下四个方向继续延伸。

1. 开拓用户数量不如挖掘用户属性

2019年,艾媒咨询对我国移动互联网用户做过这样一项调查。如图1-6所示,数据显示27%的受访用户表示看好新媒体电商的发展,并愿意跟随发展趋势;46%的受访用户表示对新媒体电商保持观望态度,不参与发表意见,但不抵触这种消费方式;27%的受访用户则不看好新媒体电商的发展,表示不会跟随。

另外,艾媒咨询还对未参加过新媒体电商消费的用户进行了调查,15.33%的受访用户表示未来一定会参与到直播购物当中,57.66%的受访用户表示未来有可能参与到直播购物当中,19.71%的用户表示对直播购物的兴趣一般,6.57%的用户表示未来可能不会参与到直播购物当中,而其余0.73%的用户则表示未来一定不会参与到直播购物当中。

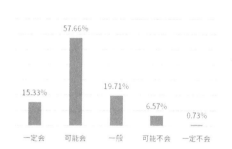

图1-6 2019年新媒体电商发展趋势调查反馈⊖

数据表明,虽然当下直播带货十分火爆,但未来发展潜力依然巨大。因为目前

⊖ 相关数据和图表均来自艾媒数据中心。

仍然有超过半数的新媒体用户的电商属性有待挖掘。

各大平台流量已经接近触顶,新媒体电商发展的重点要从开拓用户数量逐渐偏移到挖掘用户属性。

2. 从渠道拓宽转变为体验提升

新媒体电商之所以倍受青睐,是因为其模式大幅度提升了用户体验感,这种体验感属于全方位体验。相比传统电商模式,以及新媒体初期的电商模式,目前的新媒体电商带来的体验感都是前所未有的。

例如,2019 年尼尔森市场研究公司对大众进行了一次"计划外购物支出"调查活动,54% 的受访人员表示日常生活中有"计划外购物支出",且这一人群中 80% 的受访人员表示,这一行为主要来源于社交推荐,主要渠道正是各大社交平台。

出现这种现象的原因只有一个,这便是当下社交电商不断鼓励大众"发现乐趣、享受乐趣",进而产生感性消费。由此可见,未来在新媒体电商发展的方向中,提升体验感将成为主流趋势。

3. "直播"和"社群"必将成为黄金搭档

在公域流量获取成本翻倍、私域流量价值翻倍的今天,社交电商开始从社交圈层电商转变为社交属性电商,这种市场新业态催生了"直播"和"社群"这对黄金搭档。

可以短路径触达的私域流量的价值不断增长,而"社群"的私域属性 +"直播"的主流电商模式,恰恰契合了当下商业趋势的发展所需,也激发了两者结合后 1+1 > 2 的效果。

4. 明星入驻不是开创先河而是大势所趋

2020 年之后,无论哪个自媒体平台,如果没有一线明星的助阵,必然无法跻身一流平台当中。明星入驻不是在新媒体商业模式下开创先河,而是潮流下的大势所趋。

目前,各大自媒体平台都在不遗余力地以明星背书等方式提升用户认知,国内明星入驻平台的热度过后，便将卡戴珊、米兰达·可儿等国际一线明星邀请到直播间当中，这样做的目的只有一个：不断提升新媒体电商在用户和企业、商家双方眼中的形象，凸显平台的商业价值。

由此可见，未来新媒体电商必将吸纳更多跨界元素，必将占据时代流量的顶峰位置，商业价值的提升更是不可限量。

2020年注定是不平凡的一年，在这一年中新媒体电商完成了从公域引流到私域挖掘的转变，如果这时你还在盲目学习直播带货、网红营销，那么醒悟时必然悔之晚矣。反观读懂时代规则，抓住"直播+社群"营销模式的智者、强者，早已守正出奇，顺势而上。

学习笔记：
当代消费群体的需求，以人为核心，以人为媒介，在人格化的认同之上，才有促进商品销售的信任感。

1.2 直播带货时代,直播与社群一个都不能少

新媒体时代到来之后,抖音、快手、微视等短视频直播平台重构了现代商业市场格局,如今的自媒体商业市场处于一种等待破局的状态。尤其是在 2020 年,新冠肺炎疫情严重冲击实体市场以及传统电商市场,在我国商业市场受困、受挫之际,自媒体平台却获得了大量流量。

事实上,自 2019 年各大直播带货平台进入黄金时期开始,互联网市场就呈现出一种变革趋势。

其中,李佳琦以 5 分钟带货 15000 支口红的成绩打响第一枪,淘宝明星达人薇娅随之也交上了 2 小时带货 2.67 亿元的完美答卷。2019 年"双 11",两位头部主播更联手创造了直播带货近 30 亿元的成交额,这一数据占当日淘宝直播大盘的 30% 左右。

2020 年 4 月 1 日,罗永浩以 3 小时 1.6 亿元的销售额,刷新了当年电商直播带货纪录,而第二天薇娅就在淘宝直播间上演了直播卖火箭的年度大戏,陈赫、张庭、薛之谦、刘涛等演艺界明星纷纷入局直播电商,马云也参与到了景德镇陶瓷罐

的直播带货活动中。马云坦言，直播带货这两年才刚刚起步，未来的路将更长、更远，更值得期待。在时代大趋势下，一场李佳琦、薇娅的再造活动彻底展开，MCN（Multi-Channel Network，多频道网络）机构不惜投入重金，以矩阵式商业模式抢占自媒体市场，各大品牌商更轮番上阵，致力于打造自有的特色主播。风口上，有些人成功了，但更多英雄豪杰纷纷折腰。冷静后重新审视现代自媒体市场格局，我们终于发现，单纯依靠自媒体营销模式，已经很难在竞争激烈的新媒体市场中杀出重围，真正破局的强者属于一些懂得将自媒体流量私域化，将粉丝进行社群运营的智者。

新媒体时代与传统电商时代相比存在哪些环境差异？传统购物没有生态圈，但"社群+直播"却可以构建你想要的任何生态圈。就自媒体市场大环境而言，社群营销不仅是企业、商家发展的辅助工具，更被视作市场运作过程中的高端思维。

在互联网时代之初，社群运营就是传统企业联通线上市场的重要渠道，众多企业、商家高投入组建客户社群，并在社群内进行系统的粉丝维护、品牌运营，进而实现了客户裂变、品牌宣传的效果。

当然，简单的社群运营逻辑还不足以支撑企业、商家在现代自媒体市场中脱颖而出，社群和直播两者需要相辅相成，相互促进。在直播中结合当代热点，在粉丝互动中进行私域化引导，即保证企业、商家的直播契合时代潮流，又提升粉丝的青睐度、忠诚度，之后才可以在营销市场中展现出不凡的实力。

换而言之，直播既可以是社群营销的最佳工具，也可以成为社群引流的市场前沿；社群既可以是直播带货的流量基地，也可以成为直播带货的内部渠道。两者的结合越密切，取得的效果越突出。

如图1-7所示，"直播+社群营销"组合拳可以从4个方面展现独特优势。

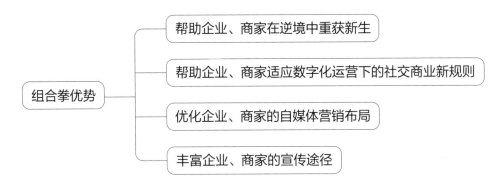

图 1-7 "直播 + 社群营销"组合拳的 4 个优势

1. 帮助企业、商家在逆境中重获新生

2020 年 2 月 6 日,兄弟连教育创始人李超正式宣布,北京校区停止招生,校区员工全部遣散,上海、广州校区正式开始独立运营,沈阳、西安校区由此更换品牌,自负盈亏……

2020 年 2 月 9 日,北京 K 歌之王宣布,由于公司面临巨大财务压力,不得已与全公司 200 多名员工解除劳动合同。

在新冠肺炎疫情的影响下,上千实体企业难逃夭折的命运,然而也有一些企业,不仅在疫情中走出了困境,更获得了发展。

上海本土品牌林清轩就是其中之一。2020 年年初,林清轩全国 15 家连锁店被迫歇业,公司面临破产危机。在这种情况下,林清轩的创始人孙来春决定转型线上进行直播带货,并与自身的粉丝社群结合进行运营。

2020 年 2 月 1 日,在林清轩首场直播带货中,观看人数超过 6 万人,短短几小时销售额超过 40 万元。这次尝试帮助林清轩打开了崭新的大门,这种模式由此开始被全国各个门店复制使用。

在粉丝流量的支撑下,林清轩迅速攀上了自媒体直播带货的风口,并顺利完成了企业的营销转型。林清轩实体服务+社群运营+直播带货的发展模式已经令其重获新生，未来一片光明。

在传统商业发展过程中难免会遇到各种意外，但作为商业人士要学会在困境中寻找更多商机，要相信危机往往与机遇并存。尤其是新媒体时代到来之后，市场中无数前辈用教训告诉了我们，社群与直播并驾齐驱可以帮助企业插上社交互联的翅膀，进而实现自我革命与重生。

2. 帮助企业、商家适应数字化运营下的社交商业新规则

早在自媒体时代到来之前，还有一个时代也改变了我国商业市场，这就是大数据时代，而且自媒体时代的到来并非大数据时代的迭代，二者是共同发展、相互促进的。

在大数据时代，数字化运营是社交商业的重要基础，由于消费者对市场的需求越发多样化，企业、商家需要配备更完善的系统化服务，而"直播+社群营销"组合拳正是当下高度满足消费者生活需求的营销模式，可帮助企业适应数字化运营的社交商业新规则。

3. 优化企业、商家的自媒体营销布局

相比 2019 年各大自媒体平台头部大 V 的粉丝运营，2020 年大家似乎都明白了一个道理，这就是未来粉丝运营会遵循同一方向——私域化运营。

以抖音平台为例，"内容为王"是大家熟知的平台规则，无论账号此刻拥有多么庞大的粉丝基数，一旦内容品质不达标，获得的流量同样可怜。这表明，抖音账号中的粉丝事实上并不属于账号所有者，而属于抖音平台，这也是公域流量平台的特色。

但在 2020 年之后，我们可以从抖音各个大 V 的账号信息中发现，几乎所有人都开始引导粉丝加微信、进社群，因为大家都明白只有将粉丝私有化，我们的账号才能拥有更大价值，而公域流量向私域流量转化的最佳途径就是社群。

哪怕只是部分流量的转化，我们也可以通过社群运营培养出忠实粉丝，进而构建更健康的营销关系，再辅助直播、短视频的维护，就可以令粉丝与企业、商家之间产生持久、高效的商业连接。

董明珠直播带货就是一个非常典型案例，从 2020 年 4 月 24 日开始到 6 月 18 日，董明珠直播带货从首场 22.5 万元销售额，到突破 102.7 亿元大关，百亿背后，是 3 万家经销商线下私域流量作用的体现。

第一阶段，在董明珠个人直播首秀时，她表现得非常严肃，却只带货 22.5 万元。

第二阶段，董明珠邀请大咖来参与直播，直播方式也从过去单一平台的直播转向多平台的联动直播。在这一阶段其创造了 65 亿元的带货成绩。但是有很多经销商觉得董明珠直播把价格拉下来了，扰乱了价格体系，这与经销商的利益是冲突的。

第三阶段，发动代理商、经销商。董明珠让所有的代理商和经销商生成自己的直播链接去分发，成交后代理商和经销商会得到相应的佣金。这使得董明珠直播带货的业绩突破了百亿元。

从董明珠直播带货的案例，我们看到布局私域流量直播未来可期。

4. 丰富企业、商家的宣传途径

我们一再强调直播与社群之间的融合程度决定企业、商家最终的商业价值，这一观点可以体现在两者结合后的方方面面，而宣传途径就是重要的体现方式。直播运营与社群运营进行深度结合的系统操作，不仅可以扩大宣传途径，还可以拓宽宣传渠道。

首先，直播可以用于宠粉，而宠粉正是社群运营的有效方法。通过直播为社群粉丝谋福利可以引发社群内粉丝自发裂变，从而扩大宣传效果，收获更多私域流量。

其次，社群运营可以确保直播的效果，在开播之前在社群内进行宣传推广，并开展各项活动，或以短视频的方式引导社群粉丝观看直播，这些措施都可以提升直播效果，从而促使直播间在直播大厅中吸引更多流量。

> 学习笔记：
> 进行商业破局的不一定是强者，但一定是智者，而自媒体商业智慧的体现方式正是"直播＋社群营销"。

1.3 社群裂变与直播间爆粉的秘密

对当下电商运营不断社交化的大环境而言，社群思维已经成为现代高端电商模式构建的重要基础。对企业、商家乃至个人来说，社群运营可以帮助我们在商业发展过程中，建立更舒适的运营场景，加深自身与消费者之间的情感联系，并保持私域流量的长期活跃，更重要的是社群运营产生的裂变效果是我们长期变现、获利的主要渠道。

纵观当下短视频平台中头部达人的运营机制，无一不采用"直播+社群营销"组合拳模式运作，因为当大家看到直播带货极其火爆的时候，这些达人已经意识到粉丝的重要性，更清楚明白没有粉丝的维护，自身的发展可能会受到制约。

以抖音明星达人李佳琦为例，截至2020年，李佳琦粉丝群的数量已经超过500个，社群人数超20万。同时，李佳琦个人微信账号超过10个，预计好友人数超过5万，微信公众号2个，活跃粉丝数超过200万，微博账号1个，粉丝数近1800万，这意味着即使某一天李佳琦退出抖音平台，也可以带走数千万的私域流量，而这些流量完全可以支撑其转型发展。

除李佳琦之外，淘宝直播明星达人薇娅也拥有庞大的社群粉丝，薇娅的社群被称为女人的社群，社群中都是精准的私域流量。

企业和商家千万不要等到账号在某一平台成型之后，再思考社群的建设与运营，因为成型的粉丝群体虽然基数大，但在社群转化的过程中私域流量的流失也比较大，且基数大代表着运营要求更高。

社群运营与直播带货相结合带来的直观效果是什么？是社群的高速裂变，直播的爆流与爆粉。

以抖音为例，新手进入抖音平台，单纯依靠常规运营3个月时间内粉丝数量一般为1000～2000个，而在这种粉丝基数下，出单量往往为0，如果我们希望通过付费流量进行商业推广，DOU+的付费价格为每100元获得5000左右流量，基本需要200～300元才有可能产生订单。

但如果在这个过程中企业、商家可以辅以社群的建设与运营，就可以对抖音粉丝进行沉淀与维护，当企业、商家与粉丝的互动增加，粉丝的活性提高之后，就可以提炼出精准准粉丝，随之带货概率会大幅度增加，更重要的是在这个过程中只需要企业、商家投入精力即可，费用基本为零。

目前，我们可以看到大多数抖音、快手、微信等平台头部大V，都会在直播之前进行平台预热，以短视频的方式告知粉丝，而这背后还有专业团队对社群的运营，其中包括直播信息的提醒、活动流程的公布以及各种福利的展示，在种种运营方式下，直播开播时直播间内会涌入大量的私域流量。

目前，各大平台直播引流的规则均为根据直播间的活跃度获取相应的官方推广，即直播的私域流量可以引入平台更多的公域流量，而公域流量就是直播过程中的重点转化对象，主播通过各种直播技巧、活动福利及时将其转化为账号粉丝，随后再进行粉丝的私域化转变，这样社群人数会逐渐增长，这种良性循环成了现代自媒体平台账号发展的主流模式。

如图1-8所示,私域流量倍增+直播带货+社群追销是未来企业、商家直播带货的理想模式,也是优质自媒体电商转化的3个重要阶段。

图1-8 未来企业、商家直播带货的理想模式

1. 私域流量倍增

私域流量倍增来源于企业、商家在社群日常维护过程中的裂变活动。通过社群的日常维护,企业、商家可以构建自己的私域流量基地,并逐渐摆脱对公域流量的依赖性,同时,通过社群的维护与粉丝深度连接,在增强粉丝忠诚度的同时,实现社群裂变,促使私域流量倍增。

相比公域流量的引流而言,私域流量倍增的重点有以下3个。

(1)社群维护要有统一的落点,首选微信、QQ等,不要轻信其他平台,以免造成私域流量的流失。事实上,私域流量的日常维护,通过微信足以完成,并且作为大众熟悉的社交软件,这一平台上的日常维护方式也容易被粉丝接受。在私域流量引导与维护过程中,我们不建议引导粉丝下载专属App或将粉丝引导至一些小众平台,仅这些平台的信息注册流程,就会带给粉丝太过麻烦的感觉,从而导致私域流量引导不畅,日常维护不足。

(2)私域流量的倍增基于日常的服务,而不是措施的倡导。现代自媒体电商运营中社交属性的强弱决定着成交的多少。所谓私域流量,重在私有性、可控性,如果企业、商家与粉丝之间没有充足的信任感,那么依靠什么促进粉丝主动裂变呢?

粉丝对社群的信赖感,大多数来源于社群日常维护过程中给粉丝提供的服务。企业、商家的社群为粉丝的生活带来了哪些便利,或者带来了哪些改变,都属于社群为粉丝提供服务。这些服务主要通过两种方式体现：一种是稳定的福利性信息推广，即定期为粉丝开展各种福利活动；另外一种是互动性的社交陪伴，在社群日常维护过程中，对粉丝提出问题回答的及时性，以及答案带来的帮助程度，都可以有效提升粉丝对企业、商家，以及对社群印象的好感度。

（3）社群裂变要及时、趁早。随着公域流量的引导以及社群的日常维护，企业、商家的私域流量在不断增加。在私域流量增加的过程中我们可以根据粉丝的基数开展不同规模的裂变活动，千万不要认为只有粉丝积攒到一定程度裂变才有效果，事实上任何阶段私域流量都有裂变的可能，主要取决于裂变活动的运营方式。

例如，粉丝量低的社群可以开展高福利裂变活动，因为粉丝基数少，所以我们对粉丝的触达更直接，同时裂变奖励高，更可以提高粉丝主动裂变的积极性，裂变效果自然水到渠成。

而对于粉丝基数庞大的社群，则可以采用层级奖励式裂变活动，即裂变程度越高相应奖励越高，此类方式取得的效果更好。

只有企业、商家将私域流量运营到位，才能够确保在各大自媒体平台公域流量抢夺过程中更具竞争力，并确保企业、商家发展的安全性。

2. 直播带货

很多朋友认为，在各大自媒体平台中，一旦账号获取了直播权限，就可以通过直播带货取得收益。而真实的情况却是，大多数主播直播带货的效果并不理想，甚至带货取得的收入可以少到忽略不计。其主要原因恰恰在于这些主播没有私域流量渠道，从开播之初直播间的活跃度就无法提升，进而无法大量引入公域流量，直播带货效果自然不佳。

纵观各大自媒体平台头部大 V 的直播流程，不外乎开播前平台预热、社群预热、直播信息推广，开播时通过开场福利引爆直播间气氛，随后调动粉丝情绪，抢占公域流量的同时提高带货效果。

正是有了前期社群内的直播活动预热和推广，才确保了直播带货的效果。

3. 社群追销

社群的私域流量是我们直播带货的重要保障，也是企业、商家、个人电商发展的重要基础，因此直播带货只是方式，社群运营才是主体。就直播带货而言，开播前预热只是整个直播带货的前期工作，完播之后还要对粉丝进行深度维护，而主要方式就是社群追销。

朋友们不要误认为社群追销只是单纯提升直播带货的效果，事实上，社群追销的重点在于粉丝维护。因为即使企业、商家在社群内进行了直播预热，也会有部分粉丝无法及时进入直播间，这部分粉丝会错过优惠活动及福利领取，为了突出社群的宠粉性，社群追销十分有必要，因为这一环节可以完成对社群粉丝的全面维护。

2020年之后，自媒体时代直播带货的优秀案例层出不穷，但在看到他人直播带货成功的同时，更要深度思考这些强者究竟采取了哪些优质的带货方式，透过表象分析出背后的精髓所在。合理利用私域流量倍增＋直播带货＋社群追销的方式，才是社群裂变与直播爆粉的关键所在。

学习笔记：

流量是现代商业运作的命脉，转化变现是企业、商家在新媒体市场生存的根本，所以社群与直播两者缺一不可。

1.4 "直播+社群营销"组合拳的4个功效

在商业市场中,强强联手取得1+1>2效果的案例数不胜数,而直播与社群的结合恰恰产生了这种效果。

以大家常见的各种直播带货为例,"直播+社群营销"组合拳与单纯的直播相比,可以体现出以下4个方面的明显区别,如图1-9所示。这也正是"直播+社群营销"组合拳的4个功效。

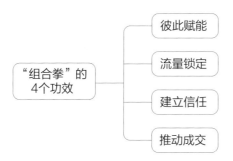

图1-9 "直播+社群营销"组合拳的4个功效

1. 彼此赋能

社群的流量裂变让直播间拥有初始的流量基础，直播间的初始活跃粉丝推动直播间的二次裂变。

私域流量和公域流量最大的区别在哪里？私域流量可以被充分裂变使用，而公域流量往往属于一次性消耗品，这也正是社群裂变的真正定义。我们聚焦现代微信生态圈的 11 亿用户，可以认真思考，目前这些用户中，有多少社群是各大直播平台的私域流量呢？

2020 年 6 月，抖音搞笑达人"纯情阿伟"进行首次直播。这位通过 5 条短视频迅速吸粉近 300 万的超级大 V，在抖音平台拥有极高的人气，可谓 2020 年抖音成长最快的新锐达人之一。

但即便人气如此火爆的抖音大 V，同样也在进行着私域流量的引导工作，而且在直播开播之前进行了多次的社群运营。

从"纯情阿伟"的账号后台信息中，我们可以看到引导粉丝转化为私域流量的微信信息，而且在阿伟开播之前特意向粉丝发送一条"我终于变成了自己讨厌的样子，我要开直播带货了"的短视频。

在前期充分的社群运营下，"纯情阿伟"首日直播观看人数超过百万人次，带货效果非常突出，更重要的是，在直播过程中阿伟的粉丝不断主动裂变，单场直播涨粉人数数以万计。

事实上，如同阿伟一样在直播前进行充分宣传的主播非常多，且这已成为抖音平台共有的直播运营策略。无论抖音还是快手，直播过程中的流量更多还是来自于官方平台的路人粉，当然在私域流量属性更突出的快手平台上，直播过程中账号粉丝基数远远大于抖音，但路人粉的数量同样是企业、商家不可忽视的重要流量。

所以在这种形势下，如果单纯依靠主播话术引导、强势推荐，产生的带货效果、粉丝关注数非常少，且企业、商家很难从后台数据中分析出直播的整体效果。

但如果我们结合了社群运营，进行了前期粉丝引导，则会产生另外一种效果，这就是直播间不仅初始活跃粉丝基数大，并且可以通过直播间的活跃度完成直播间的二次裂变。

2020年5月28日，抖音头部大V"黑脸V"进行了直播首秀，当晚"黑脸V"带货销售额为1069万元，粉丝增长数超过10万。而在直播之前，"黑脸V"就已经在自己的粉丝群里进行过直播宣传，并且在直播过程中也以宠粉为话题与粉丝进行了深度互动，并发放了多波福利。

在这种模式下，"黑脸V"直播间的人气一直十分火爆，从而在抖音直播大厅中获得了大量流量。相信大家都羡慕这些抖音头部大V的直播数据，这为企业、商家指明了现代直播与社群结合的正确方式。在直播中将粉丝引导进入社群，则可以把公域流量的路人粉转化为私域流量的铁杆粉，将陌生流量提纯到熟悉流量。在这一过程中，粉丝对主播的信任度不断加强，进而影响着主播带货成交的速度，当私域流量基数不断变大，具有一定规模后，企业、商家的直播间从开播之始就可以因活跃度而吸引更多平台流量，从而推动直播间的二次裂变。

2. 流量锁定

社群粉丝的维护能够维系主播和粉丝的关系，方便我们做好直播后的反馈追踪，升单转化。

相比单纯的直播带货而言，"直播+社群营销"组合拳可以大幅度延长单场直播带货的转化周期，这种效果主要来源于开播前、直播中以及直播后的粉丝运营与维护。

为何在社群的运营下，直播间可以产生这样的效果呢？首先，直播间是一个容易聚集人气的互联网通道，相比关注度不断降低的微信朋友圈而言，直播间当然是主流的社交商业区域，这也是微信直播高速崛起的主要原因。

大多数主播开播之前都会在社群内进行预热，主要方式为发送直播广告，告知社群粉丝开播的具体时间,以及在群内公布直播主题,直播过程中将发放的福利,以此来确保开播初期直播间的良好效果。

具备了这种基础之后,直播过程中主播还会做一个关键动作,这就是与社群粉丝互动,并进行直播间粉丝的社群引导。在这种引导下,进入直播间的路人粉、平台流量会明显感觉到社群粉丝的优厚待遇,由此这些粉丝会对企业、商家的账号产生更浓厚的兴趣,进入企业、商家的社群,进而增加粉丝基数。

直播后的社群运营同样重要,企业、商家可以通过直播数据进行反馈追踪。例如,将直播带货效果突出的产品,在社群内以"为社群粉丝争取来的专属福利"为由,再次进行产品推广,进而达到升单转化的效果。

目前,抖音头部大V李佳琦拥有4000万以上的粉丝,且每场直播观看人数必过百万,但大家是否知道这是李佳琦团队对超过500个粉丝群进行运营的结果,是团队开播前造势,直播中积极互动,直播后及时维护的结果呢?

虽然很多企业、商家的账号现在还不属于各大平台的头部大V,但只要我们将社群与直播结合紧密,便可以朝着头部大V的方向大步迈进。

3. 建立信任

直播间的营销场景可以消除粉丝的信任障碍,让顾客在最短时间内产生信任感。

用户在观看直播的过程中,很容易被专业的主播调动情绪,并被主播的个人魅力所吸引,从而对主播产生亲近感,并迅速提升为信任感,当用户消除了戒备心理,成为主播的忠实粉丝后,主播推广的各种产品自然容易被用户接受。

这也是直播带货的正确方式。

相比传统的电商运作而言,直播带货可以令消费者的感触更为直接,且容易放下防备心理,大幅度缩短主播与消费者之间的距离,进而提高转化。

试想,李佳琦为何可以保持全网第一的带货转化率呢?观看过李佳琦的直播后,大家就可以发现,李佳琦在带货之前一定会先进行与粉丝的互动,令粉丝感觉他与自己站在相同的立场，拥有相同的观点，随后李佳琦才会进行痛点营销，转化率自然超乎想象。

千万不要小看这看似简单的流程，其中包含了主播丰富的专业知识，到位的带货技巧，以及默契的团队配合。相信大多数企业、商家培养的主播还未具备这样的能力，那么，企业、商家就可以通过社群的前期运营和后期维护来提升直播带货的效果。

4. 推动成交

直播间的营销政策可以推动粉丝的下单决策，让顾客在最短时间做出下单购买的行为。

正所谓"没有社群的直播，无法做好直播粉丝倍增和反馈追踪；没有直播的社群，无法做好社群粉丝转化和升单复购"。只有社群和直播进行到位的配合，才能够展现各自的价值。那么在直播过程中，两者结合最大的价值体现在哪里呢？

高效、高速。

高效是指社群运营可以提升直播带货的效果，高速是指社群运营可以加快直播带货的成交速度。

社交商业的形态从最初的文字进化为图片、视频，再到今日的直播，种种场景的改变也决定了商业活动的结果。如果说传统电商卖的是图片和卖家秀，短视频卖的是视觉冲击与视觉感受，那么直播卖的就是氛围与节奏了。

在直播过程中，主播可以更直观、更真实地与粉丝产生互动，相比传统电商模式，直播中主播与粉丝的距离更加紧密了。同时，直播中进行的红包、优惠券发放活动，以及产品种草、产品体验式分享都可以带动直播的氛围，从而刺激粉丝的购买欲望。

目前大多数直播的套路相同，但效果差异巨大。核心原因体现在直播间的粉丝属性，如果企业、商家通过社群运营确保了直播间铁粉的数量与比例，那么整场直播带货的效果自然喜人，但如果企业、商家的直播间当中更多的是路人粉，那带货效果自然难以令人满意了。

由此可见,社群运营可以视作直播带货的催化剂,同时直播也是社群粉丝的主要来源,两者在结合过程中会不断产生效果裂变,实现双向导流。

学习笔记:

社群是1,直播是1,直播给社群引流,社群反哺直播,就是1+1=3、=5、=100……

1.5 "直播 + 社群营销"组合拳的 3 个思维

在新媒体时代,我国商业市场发生着巨大的变革,商业市场开始从"物以类聚"的格局渐渐走向"人以群分",未来我们的经营主体不再是产品,而趋向于用户——产品背后的用户。在用户的基础上建立起的社群,将是未来商业发展的根基与命脉。

从商业本质上讲,这一商业市场的变革主要是指商业思维。例如,2020 年爆发的新冠肺炎疫情使大量实体企业处于心急如焚却又无可奈何的状态,"等死"的命运不知如何更改,但有些企业却在这一困境中转变思维,求取发展。

在互联网环境如此成熟的今天,没有什么是不可能实现的,只有我们不懂得去改变。如图 1-10 所示,掌握好新媒体时代"直播 + 社群营销"组合拳的 3 个思维,是企业线下快速开拓市场,线上高速吸粉,从而整体打造立体营销体系,极速变现的主要方式。

| 从经营产品到经营用户，挖掘用户的社交圈 | 从销售产品到销售社群服务 | 从买卖关系变成粉丝关系 |

图1-10 "直播+社群营销"组合拳的3个思维

1. 从经营产品到经营用户，挖掘用户的社交圈

阿里巴巴集团CEO张勇在"2016商业服务生态峰会"上表示，"商业正在从物以类聚，走向人以群分"，电商已经从运营货品走向运营内容，再以内容为纽带触达人群，获得消费者，最后转化为会员。从传统商业思维发展到互联网思维，再到今日的社群思维，三者属于层层递进的关系。传统商业思维关注的焦点是产品本身，而互联网思维关注的焦点是产品背后的用户，升级到今日的社群思维，关注焦点则变成了用户背后的社交圈。层层升级不应该是企业遇到状况时的被动鞭策，更应该是主动的革新。

新媒体时代企业在发展过程中最大动力和最缺乏的力量都属于"与用户连接的能力"，且连接的程度越深，企业发展越安全、越顺畅。我们在普及这一"认知"问题之前，首先要明确最基础的一点，这就是企业与用户"连接"的重要性。在大众虚拟生活圈＞现实生活圈的今天，一个人、一家企业与社会的接触主要依赖互联网渠道，这一渠道往往具有更高的商业价值。

在上一个商业时代，如果有人说自己人脉广、实力强、经验丰富，那么这些个人资源则可以决定他的企业的强弱。但新媒体时代的到来彻底颠覆了这一格局。或许一些企业、商家的所有者在现实生活中很宅，但网络思维非常敏锐，与互联网连接更广、更深，那么他取得的成就将远远大于现实生活中的商业强者。

从传统的经营产品思维升级到经营用户思维，已经可以确保我们在这个时代安全生存，而升级到经营用户的社交圈、朋友圈，就可以令一个人、一家企业高速成长，甚至拥有某个行业的发言权。

现代各大自媒体平台的商业活动都建立在社交传播之上，褪去社交属性的商业本质正是企业、商家对粉丝的认知经营。粉丝在社交过程中认识企业、商家，进而了解企业、商家，之后信任企业、商家，最后为自己的信任买单。从这一逻辑中我们提炼出了"直播+社群营销"思维的运营方式。

例如，如果企业、商家做直播获得的初级流量为1，那么它的商业价值也可以被视为1，就传统互联网商业思维而言，企业、商家需要努力的方向是不断提升流量基础，进而提升商业价值。但新媒体时代发展到今天，客户背后的价值深挖才是体现商业价值的主要方法。即如果企业、商家做直播获得的初级流量为1，但经过企业、商家对这一流量的运营，将其转化为了信任值非常高的私域流量，那么它的商业价值甚至可以达到10000。

"直播+社群营销"思维的主要体现方式之一为深挖用户背后的价值，用社群深度连接的方式，为直播积累势能，两者同步进行才是现代互联网商业思维正确的体现。

2. 从销售产品到销售社群服务

以往产品销售的主要方式以介绍产品优点、深挖客户痛点为技巧，但随着时代发展，消费者的生活越发多元化，生活用品的选择也呈现出多样化趋势。在这种形式下，常规的产品销售策略就很难达到企业、商家预期的效果。

消费者过去习惯追求极致的性价比产品，导致企业、商家不断在产品上去挖掘其营销概念。但现如今的消费者注重的不仅是产品品质或价格本身，他们更注重服务体验。

"直播+社群营销"思维的第二个要点正是将传统的产品销售转变为社群服务销售。直播的同时为粉丝带来更全面、更综合的购物体验，这种体验可以从现实和虚拟两个层面实现。

首先，主播在开播的同时要为社群的粉丝准备好福利，福利可以表现为赠品、优惠券、抽奖券等，让粉丝在直播的过程中可以感受到丰富的福利和更大的优惠。

其次，还要针对粉丝精神、心理层面准备好虚拟的福利。在直播过程中社群粉丝还可以因身份原因而获得一定的优越感。例如，专项的 1 对 1 服务，专业的知识干货讲解，或者量身定制的产品方案等。

目前大多数自媒体平台的运营者都已经建立了自己的粉丝社群，但仍有很多企业、商家并没有达到自己期望的运营效果，从"直播 + 社群营销"组合拳的整体思维出发，大家需要思考下面两个重要问题。

（1）社群建立、存在的主要意义在于粉丝维护，为直播引流而并非产品推广。目前，很多企业、商家对社群运营都存在这样的误解，社群运营以产品推广为主，频繁的广告不仅令粉丝反感，甚至会影响直播效果。社群运营的基础逻辑与自媒体平台相似，同样是建立在社交基础之上的商业运作。因此，我们应该从粉丝的生活爱好、生活品位出发，以趣味性、互动性为重点，进行日常运营。

（2）产品推广主要以福利派送进行引导。硬性的广告不仅自媒体平台不倡导，私域流量的社群粉丝也非常抵触，但将广告转变为粉丝福利则可以取得完全不同的效果。从"直播 + 社群营销"的角度出发，社群内的福利推广应该与直播带货保持相同的节奏，无论开播前的预热，还是直播后的复购，都应该和直播打造成整体的方案，进而提升直播效果，并确保社群服务效果。

3. 从买卖关系变成粉丝关系

相同的产品，销售人员的专业营销就容易被视为硬性推广，而身边朋友的一两句话称赞，则会被视作亲情推荐，这说明了企业、商家与客户距离的重要性。传统销售思维的重点在于市场范围的大小，即把同一款产品卖给更多的人，市场越大，利润越高。但随着互联网市场的发展，这一思维表现为市场越广，竞争越强，企业、商家的压力也越大。

凯文·凯利在《1000个铁杆粉丝》中提到，要成为一名成功的创造者，你不需要数百万粉丝。为了谋生的话，作为一名工匠、摄影师、音乐家、设计师、作家、App运营者、企业家或发明家，你只需要1000个铁杆粉丝。

如果你的1000个粉丝，每年会相信你推荐的产品，而你只需要每年从他们那里获得一天的工资，那你基本就可以谋生了。

如图1-11所示，用销售分布曲线做出视觉图形就是：一些看似销量很少的产品，每年只卖几份，却形成了长尾，尾巴的总面积几乎和头部一样大。新媒体时代"直播+社群营销"的商业思维表现为，把一款产品卖给同一个人1000次，把1000款产品卖给同一个人。这一数值越大，企业、商家的利润越大，且风险越低，竞争力越强。

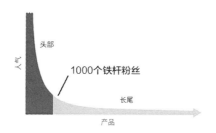

图1-11　长尾效应

这两种思维从方式到效果看起来差异极大，但区别却十分简单，只在于企业、商家和客户之间是远距离的"买卖关系"，还是近距离的"粉丝关系"。企业、商家与客户之间的第一次触达，无论交易是否产生，两者都属于"买卖关系"，而如果在企业、商家与客户触达之后，与客户保持深度连接，高度互动，将客户在社交渠道中转变为"粉丝"，那么两者就成了"粉丝关系"。在"粉丝关系"下，营销活动就从"硬性推广"转变为"亲情推荐"，取得的转化效果自然一目了然。

因为在"买卖关系"中，客户关注的焦点仅在产品之上，产品的价格、品质、售后服务决定着交易产生的概率，但在"粉丝关系"中，企业、商家与客户的关系就转变为了某种程度上的朋友关系，或是意见领袖与追随者的关系。有了信任基础，交易效果自然可以提升，且复购概率会因日常运营不断增加。

"直播+社群营销"组合拳的3个商业思维决定了企业、商家在新媒体时代的发展方向与运营策略，保持正确的思维方式才能够顺应时代发展，并在时代发展过程中及时把握住发展机遇，进而获益良多，获利良多。

学习笔记：

商业市场开始从"物以类聚"进入"人以群分"，而"人群"追求的是满足感和归属感。

第 2 章

社群精细化搭建策略与技巧

具备了私域流量运营思维,"直播+社群营销"的思路才会更加清晰,在社群运营过程中,企业、商家首先需要梳理出一个全面的运营逻辑,基于这种逻辑进行社群的精细化搭建。只有在正确的逻辑下,社群的定位、运营才可以方向明确,运营效果才能够突出。

2.1 筑巢引凤：用户为什么进你的社群

社群运营在互联网时代发展之初就开始被上千家企业、商家挖掘出商业价值，时代发展到今天，社群运营已经成了一种商业元素，一种商业载体，运用模式也几经升级与更新，运营效果也发生了诸多转变。那么，如今在企业、商家搭建的社群当中，为什么用户、粉丝愿意被社群连接，用户、粉丝又如何对社群产生好感，产生忠诚度，就成了企业、商家首先需要思考的问题。

2.1.1 什么是优质社群

社群是把一群有共同兴趣爱好的人聚集起来，然后一起来做一件事。社群是否每天都要很活跃？答案是需要，但有效的活跃更重要。张小龙讲的"用完即走"的用户运营思维很有道理，不要试图去捆绑用户的时间，只需要让用户在有需求的时候能够在社群里找到对应的解决方案。

有一个老中医在做社群，进群的人需要排队，并且都不舍得退群。她就做一件事，凡是社群成员以及其家人身体不舒服，都可以在群里免费拿药方，不仅免费，而且有效，所以很多人都非常依赖这名老中医，都不舍得退群。

简单来说，优质的社群，不占用用户的时间，而且让用户留恋。

2.1.2 优质社群的内在需求

优质社群的建立应该以用户、粉丝的连接、聚拢为目的，并在这个过程中统一用户的需求，并配备高质量的社群服务，之后才能产生社群反应。要让用户、粉丝对社群产生信任，并在信任的基础上购买群主推荐的产品。

无论时代发展到何种地步，社群都是大众生活中不可缺少的社交元素，或许在未来的发展中社群不再局限在微信、钉钉等平台之上，但各个群体之间的共同需求是不会发生改变的，这种需求就是企业、商家搭建社群的出发点，满足群体需求的过程就是社群的运营过程。

大众生活已经从"物以类聚"进步到了"人以群分"的状态，社群运营带给粉丝的不仅是满足感，更有一种归属感。用户、粉丝可以在社群中展现自我价值，出于对这种生活方式的依赖性，用户、粉丝才会对社群产生忠诚度。我们认为优质的社群虽然商业属性隐晦，但运营目的十分明确。

社群用户、粉丝在 KOL 的带领下，在一种有趣味的氛围中一起向同一个目标努力，这种氛围会感染更多人参与进来，而目标与发展方向都由 KOL 来制定。当直播与社群运营结合之后，社群的 KOL 就成了一种符号，代表着社群内大多数用户的共同需求，而直播就成了大家满足共同需求、实现共同目标的主要渠道。

相比传统的社群运营而言，优质社群的用户互动频率更高，消费需求更持续，这也是社群运营效果良好的表现。对于企业、商家而言，必须确保社群内用户拥有一个长期且共同的需求，这个需求支撑企业、商家把社群一直运营下去。

我们见证过很多"直播＋社群营销"的失败案例，其中最常见的类型就是社群搭建初期群内用户、粉丝表现十分活跃，群内活动也十分丰富，但经过一段时间的运营之后，社群的活跃度开始渐渐降低，甚至开始出现用户、粉丝流失的现象。

其主要原因在于用户、粉丝开始产生麻木感且自身需求的满足感不够。在这里我们要提示大家，需求是一种多维度的感知，即便同一类型的产品，也可以从功能上进行分类。例如，面膜这一产品就可以分为美白、保湿、祛皱等多种类型，让每次活动都有不同的主打元素可以提升用户需求的持久性。

除此之外，还有两个技巧可以提升社群的吸引力，如图 2-1 所示，这两个技巧可以有效提升社群活性。

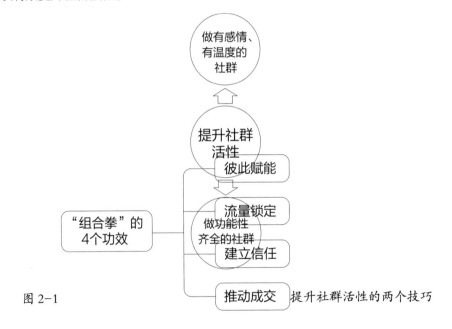

图 2-1　提升社群活性的两个技巧

1. 做有感情、有温度的社群

2020 年之后，那些强调产品功效，突出价格优势的直白推广很难再取得有效的转化，对社群运营也有不利之处。我们应该做有感情、有温度的社群。

例如，当下抖音、快手上带货效果非常好的牙膏就是从社群运营起步的。当时，这款牙膏的广告在朋友圈中疯传，具体内容为妈妈牙疼，女儿砸碎心爱的存钱罐为妈妈去买牙膏，就是这样一则简短的广告让很多人产生了情感共鸣，也拉近了彼此的距离。随后在社群中便开始出现各类"你多久没认真关心过妈妈了？""你给妈妈买过牙膏吗？"等话题，目的当然也是运营带货，但这种带货方式完全建立在情感话题之上，顺势而成。

情感作为人类必然拥有的精神感觉，主导着现实生活中人类的行为方式，左右着人类感官和本能上的决定，进而影响人类的决策。因此，在社群搭建、运营过程中情感是非常重要的元素。

我们在打造聚米集团旗下各个用户社群时，针对不同的情感导向制定了运营的方向，让社群用户、粉丝因情感感受到社群的温度，认识到社群在生活中的重要性。社群想要吸引更多人，留住更多人，就需要从以下两个方面进行有情感的搭建与运营。

（1）有情感的搭建。一旦在社群搭建过程中融入了情感，企业、商家就可以深度了解群内用户、粉丝的思维方式与生活方式，这样企业、商家才能够在后期制定出符合社群发展的运营方式，才能够让推广的产品富有感情。

（2）有情感的运营。从最初的搭建到后期的运营，社群情感的导向应该是相同的，即便后期随时代的发展有所转移，也应该是顺势而行，坚决不能出现"直角转弯"。例如，最初企业、商家搭建了一个温情的生活用品社群，如果想要转型带货运动产品，也要从温情角度出发，进行正确的引导，千万不要出现今天社群细腻温柔，明天社群劲爆火热，太明显的情感变化会让人无法接受，还会令社群表现得不专业，甚至引起用户、粉丝的流失。

2. 做功能性齐全的社群

无论在任何时代，社群的功能性都决定着社群的品质。在合格的社群中，用户、粉丝可以通过群公告、群主指引找到一些问题、困难的解决方法；而在优质的社群中，群共享、群公告就可以直接解决用户、粉丝的共同难题。

2.1.3 搭建优质社群的关键要素

随直播带货的发展，很多企业、商家迫切地建群运营，但很多社群的生命周期不超过一个月，主要原因在于社群的搭建太过仓促，缺乏关键元素，生命周期自然无法长久。

社群是一个需要长期运营的私域流量载体，无论企业、商家多么急迫，社群搭建一定要完整，只有根基完整的社群才能够实现后期的良好运营。

我们通过多年的社群运营经验总结出优质社群搭建需要注意的几个关键要素。

1. 社群基础元素

社群基础元素包括社群昵称、群主昵称、群公告内容等。

2. 社群运营规划

社群搭建之初就要有清晰的规划方案。

3. 社群福利

社群福利是用户、粉丝留存的重要保障，清晰的社群福利与周期性发放才能确保社群的活性。

4. 社群行动指令

任何群内活动、直播预热都是通过社群行动指令完成的，这也是引导社群成员实现价值转换的关键点。

5. 社群会员制模式的准备

社群的会员制规则和后期管理都需要在社群搭建初期有初步的规划。

6. 社群私域转化策略

提升用户、粉丝黏性与忠诚度，是企业、商家在社群搭建过程中必须要思考的问题。

2.1.4 社群搭建的深度思考

社群搭建虽然是为了追求更卓越的带货转化效果，但搭建的初衷不能是商业目的，搭建社群时需要重点思考的问题应该是，如何让社群在众多社群中脱颖而出，当他人还在研究基础因素和玩法之时，我们可以快人一步思考出社群的与众不同之处，思考出社群全面发展的策略与技巧。

微信群最初出现的时候，张小龙曾把这一群体定义为社交连接，而新媒体时代到来之后，无论社群基于哪个平台，我们都需要思考社群形成了什么样的连接，连接的价值是什么，连接的领域对应社会中的哪个群体。

当企业、商家对这些定位清晰之后，就可以进行换位思考，把自己当做社群用户、粉丝，思考自己是否愿意被社群连接，被连接之后生活可以发生哪些改变，被连接的意义是什么。明白了这些问题，社群与用户、粉丝之间的关系才能够长期且稳定，社群在用户、粉丝脑海里才能保持一个良好的形象，后期的社群运营才能够更加有效。

2.1.5 社群用户需求的统一方式

企业、商家在社群的搭建之时自然希望后期社群人数不断增长，但在这一过程中需要思考一个更加重要的问题，人数增加代表群内需求方向的增多，当最初的社群不能足够吸引群内大多数用户、粉丝时，社群发展就会出现倒流的现象，这是很多社群遇到的瓶颈问题。

我们在打造聚米集团旗下数十个社群的过程中发现了解决这一问题的关键方式，这便是充分满足社群用户、粉丝认知提升的需求。

社群中的粉丝、用户或许会对社群一时的福利或产品产生兴趣，但要保持这种需求的持久度非常困难。这时企业、商家就需要在群内定期更新一些令用户、粉丝产生兴趣的新认知，让用户、粉丝感觉到社群时刻都站在时代的前沿位置，在社群当中可以拓宽自己的眼界，可以感受到新鲜的事物，这就是所谓的"世界这么大，我想通过社群看一看"。

筑巢引凤是当代社群搭建的主要方式。既然搭建、运营社群已然成为新媒体时代商业发展的必要途径，那么企业、商家就需要在实施这一工作之前明白"为什么人们愿意进入我们的社群"，如果自己都无法正面地回答这一问题，或答案都无法令自己信服，又如何确保未来的发展呢？

> 学习笔记：
>
> 张小龙"用完即走"的用户运营思维：不要试图去捆绑用户的时间，只需要让用户在有需求的时候能够在社群中找到对应的解决方案。

2.2 精细化搭建高吸引力社群的 4 个步骤

精细化社群的搭建也需要正确的流程和方法，一个高吸引力的社群需要从社群名称、群主昵称、社群主题、社群活动 4 个方面统一打造系统的标识，如图 2-2 所示。从细节当中表现特点，社群才能吸引用户。

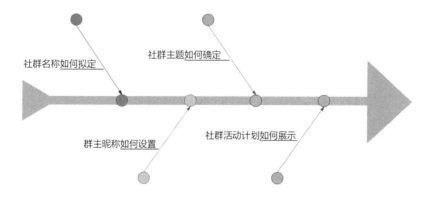

图 2-2　4 步精细化搭建高吸引力社群

在以用户为中心的互联网时代，我们通过朋友圈、微信个人号、社群、直播等方式进行营销，都是在给用户建立第一印象定位，我们留给用户的印象将决定用户对我们的态度。如果我们留给用户的印象是产品推销员，那么用户只会跟我们讨论产品的品质、价格和售后等；如果我们留给用户的印象是产品解决方案的提供者或者专业推荐好物的博主，那么用户会更愿意听从我们的建议。

特劳特在定位理论中提到：要占领用户心智，才能建立自身的竞争优势壁垒。而这一步都是从用户联系我们开始的。社群搭建就是在用户建立了初步印象的时候，进一步抢占用户的注意力。

2.2.1 社群名称如何拟定

社群名称是社群让用户产生第一印象的直观元素，因此它的作用至关重要。

比如聚米集团旗下的客户社群之一：聚米团队粉丝嘉年华活动群，从名称就可以明确这一社群的作用和价值，也可以令用户、粉丝对进群后的社群生活有一个初步的认知，只有明确了这些关键点之后，社群的名称才能够具备基本的要点。

拟定社群名称需注意以下两点。

1. 吸引点

所谓吸引点，就是从用户思维入手，思考社群名称可以对用户产生哪些吸引力，思考社群名称是否可以把用户转化为自己的粉丝。比如聚米团队直播福利群，从粉丝的角度而言明确了解这一社群的作用，同时"福利"成了吸引粉丝的主要元素。

除了福利群之外，还有很多社群起名方式非常独特，比如如何3个月练出马甲线、营销话术技巧分享群等。

这些社群都是从用户需求、痛点出发，将社群名称与用户需求、痛点相互切合，以此达到吸引人的目的。

对于"直播+社群营销"组合拳而言，这种套路也非常实用，将直播运营关键元素作为社群名称，也可以达到良好的吸粉效果，比如主播生活美图分享群、聚米低价好物群等。

2. 关键词

除了吸引点之外，另外一点则是关键词。事实上很多社群名称的吸粉效果都受关键词的引导。比如我们上面提到的"福利群"，"福利"二字可以被视为关键词。

另外，对于走价格路线的直播社群而言，"免费""秒杀"和"1元"等词语都可以成为社群名称中的关键词。不过作为社群名称的核心元素，关键词当然不会这么浅显，除非能给用户提供实际利益，否则不要轻易让用户一眼看出社群的目的。

选择的关键词需要有延展性。在商业模式不断升级的今天，私域流量的转化在社群搭建之初就应该成为主要思考的问题。而社群的关键词选择决定了社群引流、私域转化的效果。

（1）关键词要有规划的延展性。例如，"××设计群"的吸引效果就弱于"××创意群"，虽然两个社群在本质上主题相同，但恰恰因为关键词的选择造成了私域流量引流、留存的差异。

（2）关键词要有宠粉的延展性。社群运营是建立在社交基础上的商业行为，粉丝的忠诚度决定了社群日常的运营与维护，宠粉的程度则是粉丝对社群好感的主要来源，关键词选择时需要思考宠粉的效果，比如"××主播铁粉互动群""××主播亲友团"等。

（3）关键词要向深度黏性进行延展。我们常说社群名称不可太高冷，有温度的社群才有生活，有生活的社群才有吸引力。社群的关键词也需要从粉丝黏性的角度进行思考，比如"××主播生活美图周报群""××直播优惠券领取群"等，在关键词中向粉丝阐明这一群体长期存在的意义，粉丝可以在社群中找到长期关注的话题，或享有长期的福利。

社群的搭建起步于社群名称的选取，用户、粉丝对社群兴趣的高低取决于社群名称的优劣，社群的本质是人群的聚集，是从不同方向而来的人向同一目标努力的过程，构建社群名称不能只思考自己想展示什么，更要思考用户、粉丝如何通过社群名称而聚在一起。

2.2.2 群主昵称如何设置

社群搭建需要基础元素支撑，社群运营需要群主的勤劳付出，但在各种社群运营策略实施之前，群主的昵称需要认真思考。

目前在"直播+社群营销"组合拳当中，很多群主直接以主播名字作为自己的昵称，事实上却并非主播本人在管理。因为主播大部分精力用于直播平台之上，很少有剩余精力运营社群。而如果企业、商家的群主选择了用主播名字作为群主昵称，则容易让用户、粉丝误会。

用户、粉丝会把社群的运营者误认为是主播本人，提出的问题自然也有针对性，而事实上群主并不能准确回答这些问题，这样会导致群主与用户、粉丝的连接不够紧密，甚至出现粉丝流失的情况。

我们通过多年的社群运营经验，总结出了社群群主昵称设置的几点技巧。

1. 群主昵称应以商业主体为前缀

社群群主的昵称应以商业主体为前缀，比如"聚米团队××顾问+名字"，或者"抖音明哥团队××客服+名字"。

这类名称不会让用户、粉丝产生误解，同时群主昵称还可以起到品牌宣传的效果。但要注意的是，虽然群主昵称可以以商业主体为前缀，但不要过于繁杂，无须把全称全部加上，过于复杂会让人感觉广告意味太过突出，从而影响了引流。

2. 群主昵称应该标明作用

当下，无论社群规模大小，社群都会设置管理员，管理员是优质社群必备的要素之一。在社群中，用户、粉丝可以看到职责不同的管理员，比如"聚米团队售后

客服 + 名字""聚米团队化妆师 + 名字",这类职责清晰的管理员名称,可以令用户、粉丝根据自己的问题准确找到相关人员,不仅可以提高社群内问题的解决效率,更可以提升企业、商家与用户、粉丝关系的紧密度。

3. 群主应该有符合社群气质的昵称

虽然有了商业主体的前缀以及具体作用的标注,但最后的个人昵称也不能肆意为之。目前,很多群主的个人昵称不仅可爱、优雅,还具有网感,这类昵称可以拉近群主与用户、粉丝之间的距离,但也要视社群而定。正确的个人昵称选择要先从团队出发,思考如何取名才能符合社群的气质。

例如,如果商家、企业搭建了一个专业的技术交流社群,那么群主的名称就不能用"小白""柔柔"这样的名字,这类昵称给人的感觉太过随性,不利于用户、粉丝对其产生信任感。

前面我们还提到社群群主作为社群的KOL,始终引领社群用户、粉丝的精神追求,因此昵称的设定对社群本身起着极其重要的作用。要从用户思维出发,结合商业主体的发展需求,全面思考问题,这样才能够设置出更适合、更恰当的群主昵称。

2.2.3 社群主题如何确定

我们见过太多有潜力的社群在发展过程中盛极而衰的案例,综合分析这些案例失败的原因,我们发现这些社群在运营过程中都出现了一个共同的问题,即社群主题的偏离。

很多企业、商家在社群搭建初期容易出现这种失误,社群具备了基础构架,拥有了完整的运营团队,粉丝的活跃性也被积极调动起来了,但发展方向时常出现偏离,导致社群主题不确定、不统一,进而问题丛生。

这种情况出现后,往往很难在第一时间找到真正原因,因为问题大多出现在一些小细节上,很难引发社群运营团队的深度思考。

例如，在社群中推广直播活动时，如果话题引导出现了偏离，粉丝就会随着偏离的方向不断讨论下去，这种现象在众多社群中十分常见。

若类似情况不断发生，那用户、粉丝需求与社群建立的初衷会渐行渐远，最终的结果自然是社群的衰落。面对这种状况，企业、商家需要从以下几点进行思考。

1. 社群的价值属性

所谓社群的价值属性，是指社群建立的最初目标是什么，社群在用户、粉丝眼中展现的价值是什么。例如，社群最初的主题为"订阅直播参加嘉年华活动"，社群后期的活动就应该以"订阅"和嘉年华的"参加"为主，运营过程中不要过于强调直播的内容，更不要用过多的篇幅去宣传嘉年华的盛况，重点还是放在"订阅"与"参加"之上，否则用户、粉丝很容易对社群主题产生误解，进而出现各种意外状况。

2. 社群的内容导向

在搭建社群之初，企业、商家非常清楚用户、粉丝是因何聚集到社群当中的，换而言之，用户、粉丝从社群当中能够得到哪些需求的满足。这种需求满足的方向，便是社群的内容导向。

例如，商家搭建了一个技术交流群，吸粉众多，群内活跃度也非常突出。但随着人数的增长，商家开始将这一社群转化为单纯的带货群，导致大多数粉丝表现出抵触情绪，粉丝流失自然无法阻止。

相信会有企业、商家会问，如果不进行带货转化，我们社群运营还有什么意义呢？

我们从来没有说过社群不能带货，而且带货一直是社群运营的主要目的，但带货一定不能偏离主题。还是以上面的技术交流群为例，在这一社群中带货要建立在技术交流的基础之上。例如，某款产品代表了这一领域内哪些前卫的技术，或者群主在哪项技术实践过程中运用了哪些工具，从而带来了哪些便利等，这种切合社群主题的带货方式才是正确的选择。

3. 社群主题要考虑用户、粉丝的留存

我们在前面讲解社群名称关键词时，讲到了关键词需要具备延展性。社群主题也需要有延伸性，即社群主题应长期符合用户、粉丝的需求，并具有长期的调动性。

例如，大家可以看到 5 年前人气超高的"Wi-Fi 信号增强技巧分享群"如今已无人问津，因为随着科技的发展，路由器的 Wi-Fi 信号已经足以满足大众生活的需求，大家无须再思考这一问题，因此这一社群自然也就失去了活性。

假设最初这一社群的主题设定为"互联网无线技术分享群"，那么，该社群今天还会是这样的结果吗？或许这类社群的活性也会伴随着技术革新出现波动，但这一主题至少不会过时，用户、粉丝的留存、活性也不会受到太大的影响。

社群的主题需要从长远角度思考，在社群搭建之初主题就要有明确的引导性。只有主题明确，从主题中诞生的社群活动才有活性，社群的发展节奏才不会受到影响。

2.2.4 社群活动计划如何展示

开展社群活动是活跃社群氛围以及日常社群运营的主要方式。那么，在社群打造之初，我们应该如何展示活动计划才能够提高社群的吸引力呢？可以从以下几方面进行。

1. 社群活动背景

社群活动背景是引导用户、粉丝参与活动的重要前提。例如，以节日为背景的活动：中秋送福、国庆大礼包等。这类活动背景可以让用户、粉丝迅速明确社群活动的主题，找到自己的需求。

2. 社群活动时间

在用户、粉丝明确了活动背景之后，企业、商家要明确活动时间，便于用户、粉丝可以积极参与其中。

例如,"金秋送福,9月10日××主播粉丝狂欢活动"。

3. 社群活动主题

简单的活动计划也要有明确的主题。无论是"粉丝狂欢节"还是"××直播厂家直购",都要让用户、粉丝明确活动的主要内容。

以上三点是从用户、粉丝的角度出发展示社群活动的主要方法,但站在企业、商家的角度,大家还需要思考以下几个问题。

1. 活动目的

开展活动的目的决定着活动的方向。无论吸粉、转化、变现,任何目的的达成都有不同的方式,而这些方式也决定着活动的具体计划。

例如,以吸粉为目的的活动大多主打福利,"××品牌工厂直购活动"就有良好的吸粉性。

2. 活动对象

活动对象主要分为新用户与老粉丝两大群体,对于新用户制订的活动计划大多采取广泛的宣传方式,而对于老粉丝的维护,可将重点放在社群内部。两者的宣传成本也存在差异。

3. 思考预算

"9月10日,感恩粉丝百万豪礼送不停",这类有噱头的社群活动相信大家都非常熟悉,但对于商家、企业来说,这又关系到了预算问题。活动计划宣传可以适当夸张,但为了节省成本而过分夸张,则会影响用户、粉丝的信任度。因此,活动预算也是活动计划展示过程中需要思考的问题。

社群活动计划的展示主导着社群运营的节奏,当计划展示深度调动了用户、粉丝情绪时,后续活动开展便可以收到意想不到的效果。

学习笔记:

特劳特在定位理论中提到:要占领用户心智,才能建立自身的竞争优势壁垒。

2.3 社群公告：引爆社群的秘密

如果企业、商家认为社群公告的最大作用在于统一告知，为社群运营带来的助力是提高群主、管理员与用户、粉丝沟通的效率，那么企业、商家的社群运营远没有达到优质的程度。

2.3.1 社群公告的设置

社群运营不仅在系统性上要全面，有创新点，细节之处也决定着成败。社群公告虽然是社群内统一告知的信息触达方式，但同样有引爆社群的作用，而且在不同的时间段及时更新社群公告，可以更好地调动用户、粉丝的积极性。

在社群搭建初期，社群公告可以是清晰的价值表达。

例如，欢迎您来到"聚米团队直播嘉年华"粉丝社群，百万豪礼回馈新老客户，感谢各位家人的支持。

这类社群公告看似简单，却明确表达了社群的作用与目的，同时以"百万豪礼"为吸引点。虽然看起来简单，但却包含着3个非常重要的关键点，如图2-3所示。

这 3 个关键点为社群公告引爆社群氛围奠定了坚实的基础。

图 2-3　社群公告引爆社群氛围的 3 个关键点

1. 标明用户、粉丝的共同需求

以读书社群为例，目前大多数读书交流社群都会存在这样一个问题，社群分享的优质读物非常丰富，且领域非常广泛，可读性也非常强，但用户、粉丝读书后获得的提升效果并不显著，甚至学习效率低下。针对这一情况，一些优质读书社群的运营团队便开始思考解决对策，并且更改了群公告。

例如，欢迎各位朋友加入"×× 团队 ×× 读书交流群"，本群有上万本免费图书供各位朋友阅读，同时群里配备了优秀导师指点各位朋友的学习，希望大家在未来的日子里共同进步、共同成长。

这些社群运营团队还通过社群公告周期性地在群内分享各种错误的阅读方法以及改进方式。

2. 帮助用户、粉丝进行社群定位

大多数社群会设置一些引导性社群公告，这类群公告可以帮助用户、粉丝迅速进行社群定位。例如，进群修改昵称：妈妈名 + 宝宝年龄，找到同龄宝宝群组组长及时加好友，便于及时解决您的问题。

这类社群公告可以带给用户、粉丝一种体贴的感觉，进而确保用户、粉丝的留存，同时这类群公告对用户、粉丝的引导也方便社群的后续运营，运营团队可以及时、

准确定位粉丝群体，并对相应的活动进行推广。

3. 引导用户、粉丝进行关注

社群公告还有一个重要作用，即引导用户、粉丝进行关注。目前，大多数社群公告中会出现一条"请各位家人把社群置顶，因为您最关心的内容都在这里"，这类社群公告的主要目的是提升用户、粉丝对社群的关注度。

虽然只是简单的提示，且企业、商家对用户、粉丝是否按照群公告进行设定也没有决定权，但有无这样的群公告却会产生两种不同的效果。

社群如何在用户、粉丝繁杂的日常信息中脱颖而出，主要方式还是社群的置顶设置，有了这项设置，社群消息和活动计划等各种内容才能够第一时间被用户、粉丝发觉。

因此，这类社群公告虽然看似简单，但对社群搭建、社群运营而言非常重要。

社群公告的设置是社群的基础操作，却又属于社群的吸睛设置，在提升社群魅力的同时，也可以进行引流，便于后续社群运营活动的开展。

2.3.2 清晰的时间计划

当然，基础的社群公告大多数运营者、运营团队可以轻易设置，但如果企业、商家把社群公告局限在欢迎新人之上，则这一资源会被严重浪费。社群公告应该随社群运营定期更新。

例如，在社群搭建初期，除了表达欢迎和展示福利之外，社群公告还可以告知用户、粉丝近期的活动计划。

例如，（假设社群在9月初搭建）我们将在9月10日的直播活动中为群内粉丝送上3份大礼。

仅仅一句公告，便可以在社群搭建初期大幅度提升用户、粉丝的留存时间。用户、粉丝的留存很大程度决定于刚入群10天内的活跃程度。如果新用户不能在第一时间获得需求的满足，不能从社群中找到存在的价值，那么便很难转化为有忠诚度的粉丝。

无法第一时间寻找到存在价值的新用户，入群后的动向主要有两种：第一种是迅速离群，以减少社群消息对其带来的打扰；第二种是渐渐发展成"死粉"，因为社群对于他而言属于"鸡肋"，所以很少会关注社群内容。

我们在数十个社群的运营过程中发现，社群公告中的时间计划性是决定用户转化为粉丝和用户长久存留的主要方式。

企业、商家千万不要认为这种简单的操作时效性极短，目前"逻辑思维"和"霸蛮社"仍在运用这种社群公告来留存新用户。

这类社群公告的表现方式并非只有"时间+福利"的简单类型，社群公告的时间计划是否清晰，主要取决于社群对粉丝需求，以及需求节点上的把握。

例如，对于"直播+社群营销"组合拳的社群公告而言，就要多思考粉丝的需求方向，如果粉丝的忠诚度是针对主播个人，那么，"×月×日主播将发放多少优惠券"的社群公告将不是最佳选择。针对这类粉丝，"在×月×日直播活动中，主播将为群内粉丝发放十张签名照"的社群公告将更具吸引力。

因此，企业、商家在设置社群公告时要明白，社群公告的时间计划的重点不仅在时间准确上，还要有令用户留存、令粉丝满意的内容，只有两者结合社群公告才能体现出清晰的时间计划性，之后存留用户、转化粉丝的作用才得以展现，社群公告的运营效果才得以发挥。

在"时间+需求"社群公告的初步设置方法之上，我们还有一种延伸方式，用以增强私域流量的转化，这就是"时间+需求+条件"的社群公告。

例如，进群的小伙伴在（××时间段）将得到1份神秘礼品，只需要添加群主企业微信即可领取。

如果企业预算条件允许，群主也可以将神秘礼品换为更具吸引力的明确物品。

这类社群公告的设定需要企业、商家根据社群规模、社群氛围进行设定。如果社群搭建之初，群内活跃度不足，那么，我们不建议设定这类社群公告；但如果社群在运营初步阶段就取得了良好效果，那么，这类社群公告就是不错的私域流量转化方式。

2.3.3 清晰的社群福利

大家可以看到，在社群搭建的过程中，福利一直是不可忽视的重要元素，因为福利是很多用户、粉丝入群的主要需求。那么，在群公告设定过程中应该如何设置社群福利才能起到更好的吸粉、留存效果呢？

福利要清晰、明确，同时应满足绝大多数人的入群需求。

例如，×× 团队 9 月 10 日直播将送上三重大礼：

（1）直播间十大超级福利，非常超值，×× 手机、×× 吹风机免费送给您，转发活动海报到朋友圈即可参加。

（2）9 月 10 日前邀请 3 名朋友进群，将获赠专属的小礼品 ×××。

（3）9 月 9 日晚上社群组织有奖问答小互动，限时抽奖 ××，价值 ×× 元。

这类多重福利类型的公告就是独具吸引力的群公告。

企业、商家要明确自己社群福利的类型。

1. 真实物资

所谓真实物资，是指真实的资金和物品，这类福利对用户、粉丝产生的吸引力最大，也最能提升用户、粉丝对社群的信任感。对于搭建初期的社群来说，这类福利是最佳选择。当然对于企业、商家而言，这类福利也是预算最大的福利类型。

当下，企业、商家选择"物"比选择"资"更有优势，因为"物"存在价值提升空间，但"资"就是真实的数字。

当下物流业极其发达，小礼品、试用品等各类福利的送达也十分方便。

2. 资源分享

对于一些技术性交流群、专业知识服务群而言，资源就是一种独具吸引力的福利，尤其是一些付费资源，其产生的吸引力丝毫不亚于真实物资。

例如，我们前面提到了读书交流群的群公告中有表述：本群分享上万本图书资源。

这类社群福利就属于资源分享，值得我们关注的是这类资源分享还可以通过从用户、粉丝手中搜集而不断丰富，让社群资源伴随社群运营不断增加，社群福利的吸引力、用户需求满足程度也将不断提升。

目前，这类社群数量已经十分庞大，所以对于企业、商家而言，资源分享的社群福利想要取得更好的效果，可以从以下几个方面进行提升。

（1）时效性。及时分享一些专业领域的最新资源，此类福利可以提升社群用户、粉丝对社群的关注度和日常活跃度。

（2）付费性。社群资源绝对不能单纯是免费资源，虽然免费资源的搜集也需要大量的时间、精力，但免费资源对用户、粉丝的吸引力不够。

（3）资源明确分类。社群资源要有规范的整理分类，便于用户、粉丝在最短时间内找到自己想要的资源，资源调用越简便，用户、粉丝的使用度越高，对社群的依赖感也就越强。

3. 服务

服务类福利更多用于成熟型社群的维护。

例如，9月20日的直播活动中购买了主播种草产品的家人，可以享受××免费课程服务，呵护青春，从专业保养开始。

这类福利在"直播+社群营销"组合拳中非常常见，而且属于将两者结合的巧妙方法。这类福利不仅可以提升直播带货产品的附加价值，更能够提升用户、粉丝的产品体验感。

社群福利关系到社群用户、粉丝的长期利益，也决定着社群运营发展的节奏，及时更新社群公告内容，可以确保社群成员不断增加，此外，还可以不断增强用户、粉丝的归属感和依赖感。

2.3.4 清晰的行动指令

发放社群福利的时候一定要明确清晰的行动指令，这一指令主要是对福利领取、活动参加的条件补充。

我们常常会遇到自己抛出去的话题，甚至是红包，大家都是爱答不理，甚至是领了红包不说话，那是因为没有设置行动指令。

好的广告营销都有行动指令，例如，益达口香糖，饭后嚼两粒！困了累了，喝红牛！怕上火就喝王老吉！社群经营也是如此，要有足够简单且便于配合的指令。

社群行动指令的设置分为两点：怎么做？有什么好处？

例如，大家帮我转发海报到朋友圈，就可以免费领取礼品；帮我邀请5个好友进群，私信找我领取礼品；想要免费领取价值××元的礼品，只需要回复数字【1】，或者回复【我想要】。

社群公告中关于行动指令的设定其实并不复杂，主要针对社群中开展活动的具体内容进行明确解释。例如，活动开展的具体时间，福利发放的具体方式，以及活动的主题内容等，针对这些元素引导用户、粉丝顺利参与到活动中。

社群公告是社群搭建前期非常有效的运营工具，也是带动后期发展节奏的主要工具，简洁高效地设置社群公告对于搭建优质社群、维护社群持续发展有良好的促进作用。

> 学习笔记：
> 社群公告不只是社群信息触达用户、粉丝的工具，更是引爆社群营销的通路。

2.4 会员制社群的搭建与管理

社群的类型非常丰富，但从现代互联网商业模式角度来看，商业社群的发展方向却十分一致，这就是会员制社群的搭建。会员制社群与现实生活中的会员制营销有异曲同工之妙，即通过特定的身份，令企业、商家与用户之间保持深度连接，连接过程中会员用户可以享受到明显区别于普通用户的福利与服务，从而提升用户与企业、商家之间连接的优越感、满足感，增强连接紧密度。

会员制营销模式和社群相结合，社群的属性就发生了变化，即社群自搭建之初就被定义为会员制社群，相比常规社群而言，会员制社群拥有更规范的制度和更严谨的运营方式，且运营效果、利益转化也强于常规社群。

2.4.1 如何建群、拉群

会员制社群的基础构架包括社群昵称、群主昵称、社群主题、社群公告、社群规则五大部分，且每一部分都有一定的搭建技巧。

××团队会员制社群基础搭建元素模板如表2-1所示。

表 2-1 ××团队会员制社群基础搭建元素模板

序号	搭建元素	内容
1	社群名称	××会员社群
2	群主昵称	××团队××顾问、××老师
3	社群主题	尊敬的××团队 VIP 会员，欢迎大家来到××团队会员社群，我们将会为您提供会员尊享服务： （1）用我们的专业帮您做好身体的健康测评，帮您分析身体健康情况，给您提供专业的建议。 （2）定期的××课堂，每周三和每周五都为您分享和答疑。 （3）每周都有××好物推荐，帮您筛选出优质精品。 （4）全国定期举办线下的××康复专题讲座，诚邀您来参加。 新进群的伙伴，欢迎您做自我介绍，我们帮您找到同城的好友。
4	社群公告	（1）进群修改昵称：姓名+区域。 （2）进群后请将群置顶，您最关心的信息都在这里。 （3）近期的直播活动（课程主题）/近期的活动通知。
5	社群规则	为了共同维护××团队社群尊享会员服务，希望各位家人与我们一同维护： （1）禁止群员拉无关人员入群，本群只服务付费的尊贵会员。 （2）禁止随意发广告、禁止传播负能量、禁止在群内发表不和谐的言论。 （3）如果您不小心违规，我们会有 3 次提醒通知，3 次以上由群主删除出群。

表 2-1 是目前非常有代表性的会员制社群搭建基础框架。

1. 社群名称

社群名称的主要作用在于明确告知信息，在常规社群昵称设置的基础上，突出"会员"的层级。

2. 群主昵称

会员制社群群主昵称的设置相比常规社群的群主昵称的设置更简单、更直白。因为会员社群内的成员是拥有更高社群忠诚度的精准用户，所以社群群主的昵称可以有针对性地设置，直接对接会员内的各个群体，或各种需求即可。

例如，××团队亲子教育老师××，××团队育儿顾问××，等等，这类群主昵称便于会员使用自己的各项特权，准确定位到需求渠道。

3. 社群主题

会员制社群与常规社群最大的区别在于社群主题的丰富程度。因为企业、商家的会员拥有各项特权，而社群主题明示着各项会员特权，所以会员制社群的主题非常丰富。

同时，会员制社群的主题还要明确各项福利的领取时间，明确会员特权的使用规则与方法，帮助会员在进群后第一时间了解到自己的身份优势。

4. 社群公告

会员制社群公告的设定应更加细致、更加全面，并且需要明确基础规则，主要包括粉丝入群后的基础设置、与粉丝深度连接的引导设置，以及社群活动的开展节奏。

5. 社群规则

相比常规社群的基础搭建，会员制社群由于其独特的福利与特权，在社群规则上更为明确、更为严格。虽然群内粉丝属于精准用户，但为了确保社群的良好运营，对一些违规现象必须进行相应的处罚。会员制社群属于企业、商家私域流量中的高品质社群，确保社群整体的运营效果更为重要。

2.4.2 社群的日常运营计划

社群运营需要企业、商家的运营团队付出大量精力与财力,如此才能确保社群运营的效果,才能更快地达成社群运营的目的。对于会员制社群而言,运营投入会更大,运营方式也要更为细致,当然取得的运营效果也会更加突出。

以下,我们先详细了解一下会员制社群日常运营的各种技巧。

会员制社群日常运营主要包括:给问候、给价值、给互动、给福利和给话题五项内容,通过这几项内容的运营,打造有温度且有价值的服务型社群。会员制社群的日常运营计划如表 2-2 所示,可以在不同的时间段输出不同的内容。

表 2-2 会员制社群的日常运营计划

时间	运营内容	表现方式
9:00-11:00	给问候	分享正能量语录 / 早安问候与互动
11:00-12:00	给价值	干货小知识分享
14:00-17:00	给互动	社群游戏、使用体验交流等
16:00-18:00	给福利	种草小视频(1~3 分钟)/ 文字种草好物推荐
19:30-22:00	给话题	×× 话题短分享交流 / 定期 ×× 分享 / 产品分享
22:00	禁言	社群休息

我们之所以从问候、价值、互动、福利和话题几个方面丰富社群的日常运营,不仅是为了突出福利、特权的重要性,更是为了确保社群运营可以与粉丝生活节奏保持同步。

1. 给问候

粉丝便可以从简单的问候中感受到社群的温度，感受到社群对自己的重视。在日常社群运营当中，问候一定不可缺少，同时要坚持每天给问候。

2. 给价值

社群运营中的价值体现主要体现在粉丝需求的满足方面，这种满足可以体现为一些知识技巧的分享。通过专业知识讲解和技巧分享，表现出社群的专业度，表现出群主、管理员的过人能力，进而提升粉丝对社群的依赖性。

3. 给互动

无论是常规社群还是会员制社群，都是以社交为基础的，虽然大家有相同的追求，但有节奏的互动依然是必要的日常运营内容。社群互动可以通过游戏、经验交流等方式展开，根据粉丝的生活节奏进行有效互动既可以引爆社群的氛围，又可以加深对粉丝的了解，通过对粉丝需求的深度挖掘，社群开展各项活动的方向才会更加明确。

4. 给福利

既然会员制社群是等级更高的精准粉丝社群，那么每天的福利发放还是非常有必要的。对于会员制社群而言，福利可以不局限于购物券、红包等，好物推荐、新奇特种草都可以作为会员福利，只要企业、商家根据粉丝的兴趣、爱好准确推荐高性价比的产品，同样可以起到送福利的效果。

5. 给话题

如果说给互动是运营团队和粉丝之间的话题交流，那么给话题就是运营团队引导粉丝之间相互交流的方式。给话题需要企业、商家提出的话题有引导性，能够快速引发粉丝共鸣，引起粉丝关注，并对这一话题进行深入讨论。社群想要保持良好的活性，粉丝之间的互动必不可少。

6. 禁言时段

禁言时段并非所有社群都需要设定，但对于一些所在领域数据更新节奏快的社群而言这一设置非常必要。

例如，对于一些股票推荐类社群，股市变动无常，社群运营团队给出的建议具有时效性，为了确保社群休息时段粉丝不会因数据变化对团队产生误解，设置禁言时段就非常有必要了。

每天定时禁言，第二天及时更新数据，这种方式可以确保社群日常运营的安全性。

2.4.3 社群的周运营策略

在日常社群运营之上，周运营计划起着调动社群运营节奏的作用，而且对于"直播+社群营销"组合拳而言，社群的周计划是企业、商家私域流量支撑平台活动开展的主要方式，并确保自媒体平台的直播活动能够取得优质的效果。

周运营计划主要表现为以周为时间段开展社群的学习活动，或以游戏项目带动社群粉丝互动，进行社群推广与传播。××团队会员制社群管理周计划如表2-3所示，有节奏的周运营项目可以为社群运营增光添彩，带给社群粉丝更多惊喜。

表2-3　××团队会员制社群管理周计划

项目	周开展次数	内容
社群学习	2~3次	××导师直播分享专业知识，不同主题/不同类目的产品使用方法、产品辨别方法等
产品种草	3~5次	每周××好物推荐，根据用户反馈的需求进行集中的好物推荐，每周分享3~5款产品
游戏互动	1次	组织有趣的活动进行传播，在××的互动中，让用户融入社群游戏中，通过奖励与互动的方式，让用户为我们传播

对于周运营计划来说，会员制社群与常规社群中不会存在太大差别，主要差别

仅在于特权与福利的不同。

周运营计划可以为粉丝带来更多惊喜，因为这些活动是在日常运营之外开展的附加福利。

1. 社群学习

社群学习与日常运营在给价值方面是不同的。社群学习往往表现为系统性的知识分享，社群学习交流通常根据学习内容分成 2~3 个课时，在协调好粉丝的日常时间之后再进行活动的开展。

在周运营活动开展时，企业、商家一定要注意学习内容的价值与实用性，且根据学习内容确保课时之间有紧密的联系。社群学习活动最忌有噱头无营养，粉丝听起来有道理，但却找不到实用点，这样的社群学习只会降低日常粉丝的活跃度。

社群学习的内容主要来源于日常运营的信息收集，如给价值时粉丝的反应，以及给话题、给互动时粉丝表现出的需求，有了这些基础，社群学习的周计划才能够更受粉丝欢迎。

2. 产品种草

周计划的产品种草与日常运营的产品种草属于总分的关系，企业、商家可以通过后台数据统计，或各大自媒体平台好货排行榜的数据，进行种草产品的选择。日常产品种草的重点应满足粉丝需求，而周计划的产品种草则可以从更广泛的角度出发，既可以是上周社群内日常产品种草榜首的返场，也可以是当下全网爆款产品的推荐，但无论哪一种方式，企业、商家都需要确保产品的高性价比，这样才能对粉丝有足够大的吸引力。

3. 游戏互动

日常运营互动的主要目的是社群内部氛围的活跃，周计划的游戏互动属于社群外部的推广传播，通过奖励的方式吸引更多粉丝参与，再通过游戏活跃整个社群的氛围。在活动开展过程中，企业、商家还可以通过奖励的方式引导粉丝对社群进行宣传。

例如，社群成员可以通过发朋友圈获得某些游戏权限等。这类方式也属于当下流行的社群传播模式。

2.4.4 社群的月运营策略

有了社群运营的周计划之后，企业、商家便可以开展一些高版本的社群活动。

社群运营月计划的制订主要用于加强与用户之间的连接，提升用户与平台的信任关系，通过线下沙龙体验和每月直播粉丝福利活动，做深度的营销。

相比社群日常运营与周运营计划，月计划可以实现线上与线下运营的打通，且月计划的运营内容可以直接以线下为出发点。因为在日常运营与周活动的促进下，企业、商家与粉丝之间已经产生了一定程度的紧密连接，再进行一些线下活动的开展，便可以实现社群全面覆盖粉丝的日常生活。

××团队会员制社群管理月计划如表2-4所示。社群运营的月计划可以从线上、线下两方面展开。

表2-4 ××团队会员制社群管理月计划

项目	月开展次数	内容
沙龙体验	1~2次	设计××主题活动，邀请同城会员参加线下活动
直播活动	1~2次	以节日或品牌专场为契机举办直播活动，拓客和转化
游戏互动	4次	组织有趣的线下活动，通过奖励与互动，让会员自发为我们传播

对于一些以线下业务为主的企业、商家来说，社群运营的月计划是实现线下引流的重要方式。比如对于餐饮行业而言，同城线下活动的开展不仅可以为店铺引流，

还可以为店铺营造良好的口碑。

1. 沙龙体验

消费者容易产生从众心理，实体店铺越火爆，消费者青睐程度越高，而社群的月计划内容就可以制造这种现象。

在社群运营的月计划内容中，沙龙体验是一种提升店铺口碑、提高用户信任度的好方法。

2. 直播活动

在"直播＋社群营销"组合拳当中，直播间热度的点燃、引爆大多来源于私域流量的支持，而直播间私域流量的多少恰恰是企业、商家社群运营的效果体现。

大型直播活动的开展往往以节日、品牌专场为契机，这类直播活动由于规模相对较大，所需准备工作复杂，周期较长，但结合社群运营之后，我们可以发现大型直播活动可以巧妙嵌入社群运营的月计划当中。

在计划开展之初尽早为直播活动积攒私域流量，并及时引流到直播间中，这种模式既可以确保直播间的氛围与带货效果，还可以提升拓客和转化，更重要的是实现私域流量的运营，吸引更多平台公域流量的进入。

3. 游戏互动

定期在社群中开展有趣味、互动性强的游戏活动，不仅能有效提升社群的活跃度，还可以提升粉丝黏性、增强裂变效果。但社群游戏活动不要只局限在线上，线下活动的开展也十分重要。

例如，很多时尚主播会定期开展粉丝见面会，并请粉丝穿着自己最满意的服饰见面，届时主播会在见面会上举行一些时尚穿搭投票活动，主播会与人气最高的粉丝合影并赠送礼物。这种游戏不仅可以大幅度提升社群的活跃度，而且还可以让粉丝自发传播，从而吸引更多人关注。

相比其他活动，游戏互动取得的裂变效果更加明显。

学习笔记：

会员制社群就是运营方式更严谨，运营效果、利益转化更突出的高端社群。

2.5 私域粉丝社群转化策略

私域粉丝社群转化就是将公域流量导流到私域，在私域做裂变转化的过程。任何新媒体平台的粉丝都不属于企业、商家，因为这些粉丝先属于新媒体平台，之后才成为企业、商家的粉丝。即便平台粉丝属性为私域，但失去了平台这一载体，企业、商家的粉丝将瞬间清零。

其实，如果能让社群营销实现自动化运转，就能打造出快速获客、用户转化和裂变传播的运营体系。社群自循环运转体系如图 2-4 所示。

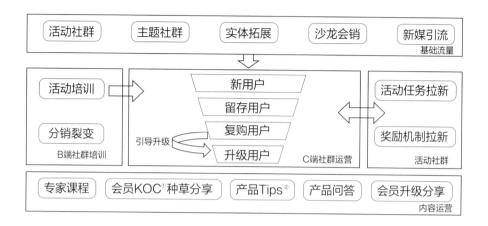

图 2-4　社群自循环运转体系

注：① KOC，即关键意见消费者，一般指能影响自己的朋友、粉丝，使其产生消费行为的消费者。
　　② Tips，即小贴士。

今天，我们不难看到众多的企业和商家都在对自己的用户数据夸夸其谈，如抖音平台拥有 300 万粉丝，门店拥有 10 万会员，电商平台拥有 50 万个消费订单，但这些只是数字，没有变现就等于 0。

所以，无论平台粉丝是什么属性，粉丝的社群转化都是必要的。

2.5.1　私域粉丝裂变沉淀策略

私域流量体现了更高的商业价值，也把"直播 + 社群营销"组合拳的效果发挥得淋漓尽致。因为企业、商家真正想要的粉丝不是平台上的用户，而是自己可以直接触达的优质用户，所以私域粉丝的沉淀至关重要。私域粉丝的沉淀策略主要有以下 3 种。

1. 在新媒体平台引导粉丝加好友

无论企业、商家在哪一平台进行直播带货，随着平台账号的流量提升，若想拥有商业价值都需要沉淀与转化。直播过程中引导粉丝加主播为好友，随着好友数量的增加便可以实现社群的搭建。

不过在这一过程中企业、商家需要注意平台规则，因为自媒体平台都在想尽各种方法减少平台流量的流失，直播过程中也有各种相关的规则，针对这种情况目前最常见的直播沉淀方式就是将微信标识用"VX""微芯"等字样代替。

除了直播过程中主播引导粉丝加好友之外，在账号设置中也可以进行粉丝的引导，比如在账号描述中直接标明粉丝群的群号，或者标明主播、运营团队的微信号，都可以进行粉丝沉淀，从而达成更多的商业合作。

2. 线上利用福利进行社群裂变

目前，社群引流最常见的方式是福利引流。在私域社群中，我们拥有自己的种子用户，设置裂变诱饵通过种子用户进行社群裂变。

3. 线下活动拓客，线上社群承载

诸如地推活动、店面活动、沙龙峰会等线下活动都能吸引过来很多的"围观群众"，母婴店常常用亲子游戏互动和少儿比赛的方式把社区周边的用户聚集起来，甚至还会通过送各种引流产品来吸引用户到店。尽管如此，大部分的流量最终还是会变成一堆无效数据，唯有通过社群来承载，实现批量的用户管理，才能在活动尚有余热的时候，抓住跟用户连接的机会。如果不用社群，单纯靠员工或代理做1对1的沟通跟进，效率会很低，产出也不理想。

私域粉丝沉淀是精细化社群搭建的重要基础，也是高商业价值用户的定位方式。正常情况下，平台账号进入健康发展阶段，粉丝增长也会相对稳定，这些平台粉丝正是社群粉丝的主要来源。因此，平台粉丝私域化沉淀、社群化转变是企业、商家重点要去做的工作。

2.5.2 私域粉丝向社群粉丝转化的技巧

解决了私域粉丝的裂变沉淀问题，私域粉丝向社群粉丝转化的过程就成了重点。

目前很多社群的转化效果并不理想，主要原因还是在于这些运营团队没有把握住社群转化的技巧。

1. 清晰的社群定位

在私域粉丝向社群粉丝转化的过程中，一定要为粉丝提供清晰的社群定位，即社群存在的价值。例如，××主播铁粉交流群、××品牌工厂直销群等。

同时，在社群转化中还要令粉丝感受到仪式感、价值感和参与感，这样粉丝的留存率才会更高。

其中仪式感要通过进群过程中，群主、管理员的及时欢迎来营造，令粉丝感觉到社群对他的重视；而价值感则是一种满足粉丝需求的过程，比如社群可为粉丝提供到位的服务，解决一些困惑等，这些都可以令粉丝认识到社群的价值；参与感则是通过一些社群互动项目的带动，引导粉丝参与其中，提升粉丝黏性。有了以上三种引导方式，社群定位才算得上清晰，社群转化才有效果。

2. 精准的用户定位

我们用 STP 营销理论[○]来对用户进行精准的定位，有两点非常重要，即用户画像和用户需求。我们可从用户身上反推用户定位，这其实就是给我们服务的用户贴上标签。确定用户需求和用户画像的关键要素如图 2-5 所示。

图 2-5　确定用户需求和用户画像的关键要素

㊀ 在现代市场营销理论中，市场细分（Market Segmenting）、目标市场（Market Targeting）和市场定位（Market Positioning）是构成公司营销战略的核心三要素，被称为 STP 营销。

3. 有趣味、有节奏的社群运营

在社群搭建初期，社群的趣味性、活跃性都决定着社群转化的效果。为了加快社群转化的速度，提升粉丝转化效果，前期社群运营不仅要有效，更要保持高频。

例如，在日常运营过程中，延长互动和话题讨论的时间段，增加福利，利用这些方式可以大幅度提升社群整体的活性。

4. 配备会员制社群

在私域粉丝的社群转化过程中，必然会存在一些高忠诚度、高活性的粉丝，对这些珍贵的资源，企业、商家要给予足够的重视，在社群转化过程中为其搭建会员制社群。

这种会员制社群在前期要根据粉丝忠诚度适当降低进群标准，并向其明示大家属于会员区的元老级会员，后期新会员的进入标准会有所提高，这样可令现存会员感受到身份的价值，进而提升粉丝与社群连接的主动性。

2.5.3 社群维护策略

私域粉丝向社群粉丝的转化大幅度提升了精细化社群搭建的速度，也提升了社群运营的效果，但要保持这种态势还需要对社群进行到位的维护。很多企业、商家对社群维护的认知并不清晰，认为社群维护等同于社群运营。事实上，社群维护的重点与社群运营存在着本质的区别。社群维护有三大策略，如图2-6所示。

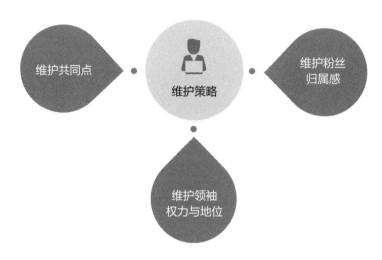

图 2-6 社群维护的三大策略

1. 维护共同点

虽然在社群搭建之时,用户、粉丝因为共同的目标、爱好和需求聚集到一起,但在社群发展过程中,这些共同点难免会出现变化。

所以说为了确保社群的健康发展,对共同点的维护必须足够重视。社群共同点的维护主要通过日常活动来实现。在社群搭建之初认真思考用户、粉丝的主要需求点,根据这一需求点在社群内开展不同形式的活动,在主题不变的基础上让用户、粉丝保持新鲜感。

2. 维护粉丝归属感

任何一个群体成员如果缺乏归属感,那么这个群体的凝聚力将无法展现。对于商业社群也是一样,如果群内用户、粉丝缺乏归属感,那么社群很容易走上分崩离析的道路。

归属感的维护主要在于价值的认同,个人的重视、情感的维系都是价值认同的方式。个人的重视表现在群主与用户、粉丝的互动和沟通是否及时等方面;情感的维系则表现在社群运营是否表现得有温度，群主、管理员是否通过交流、服务指导等拉近了与用户、粉丝之间的距离。

相比维护共同点而言，归属感的维护则可以在日常运营中实现，但运营方式与策略需要企业、商家根据社群的属性进行把握。

3. 维护社群领袖的权利与地位

在社群维护过程中，社群领袖（群主、管理员）应表现得平易近人，但绝对不能因此弱化了社群领袖的权利与地位。

社群内部交流时，用户、粉丝可以对群主、管理员提出的话题进行讨论、反驳，但对一些原则性的发展策略不能提出反对意见。如果出现类似情况，群主、管理员可以视其行为为违规，并及时给予警告。多次出现类似情况，则群主、管理员应及时对其进行处罚，或踢出社群。

社群在发展过程中，发展方向自然是社群维护的重点，而发展方向的掌舵者正是社群领袖，因此社群领袖的权力与地位不可被撼动，否则社群的意见将无法统一，社群的价值也无法体现。

学习笔记：

企业、商家真正想要的粉丝不是平台上的用户，而是自己可以直接触达的优质用户，这也是私域社群搭建的意义所在。

第 3 章

社群裂变拓客策略与技巧

在新媒体时代，企业、商家的私域流量增长不能完全依靠各大自媒体平台流量的社群转化，更需要社群的裂变传播。社群裂变不仅可以夯实企业、商家的市场基础，还可以反哺平台直播活动，实现私域流量的双向引爆。

3.1 社群裂变拓客的价值

粉丝裂变是新媒体时代企业、商家开拓市场的重要方式。目前，粉丝裂变的主要方式有两种：一种是基于自媒体平台的粉丝裂变，另一种是企业、商家自运营社群的私域流量裂变。就粉丝数量的裂变效果而言，自媒体平台粉丝裂变效果远远大于社群裂变，但对于裂变拓客和商业转化而言，社群裂变产生的商业价值远远大于自媒体平台粉丝裂变。

社群裂变拓客有 3 种价值，如图 3-1 所示。

图 3-1 社群裂变拓客的 3 种价值

3.1.1 社群裂变使初始流量倍增

新媒体时代展现出的流量规模是海量的，但企业、商家在运营之初，在各大公域平台很难有初始流量。大多数线上初始流量来源于线下的引流。最简单、最直接的方式是将门店会员拉到直播群中进行运营，引导实体用户为企业、商家的直播活动做转发和推广，这部分基础流量就成了宝贵的初始流量。

对于企业、商家而言，初始流量尤为重要，因为初始流量是企业、商家的口碑起点，也是社群运营初期主要的利润来源。从用户被引导入群开始，社群发展的重点之一就是通过社交属性来吸引更多新用户进群，进而使社群规模不断扩大。要进行社群裂变拓客，有以下关键要素必须重视。

1. 裂变海报提升商业价值

在社群裂变过程中，裂变海报是商业宣传、吸引粉丝的主要载体，裂变效果、拓客规模也取决于海报的制作效果。因为海报具有很强的直观描述性，粉丝不仅可以从海报中明确裂变活动的方式，更可以了解到裂变的商业价值，同时海报中还可以对裂变活动的福利、商业元素进行详细的展示。简洁、清晰且美观的海报可以帮助企业、商家通过社群裂变活动获得比自媒体平台更精准的粉丝群体。

2. 种子用户的再次提取与倍增

企业、商家可以通过社群运营定位自己的第一批种子用户。在社群裂变的过程中，种子用户也是裂变活动的主要对象，且种子用户引流进来的新用户一般都比较精准，甚至可以为企业、商家引入部分KOL。通过种子用户的裂变引导，社群的规模和品质都可以得到有效提升。

3.1.2 社群裂变为直播培育高黏性粉丝

在"直播+社群营销"组合拳中，直播不仅是企业、商家的带货渠道，更是高黏性粉丝的引流基地。但在自媒体平台上，即便主播人设设定得再高端，粉丝群体当中也必然存在大量的普通粉丝，这类粉丝大多只对账号的短视频作品感兴趣，对账号运营团队、主播都缺乏深度认知，与账号之间的黏性自然也不高。

这部分粉丝是企业、商家需要重点关注的"准客户"，在拓客策略到位的前提下，这一粉丝群体很容易升级为企业、商家的长期客户。针对这一粉丝群体，"直播 + 社群营销"组合拳的作用就可以凸显出来了。因为这类粉丝对企业、商家有初步了解，对账号作品也有一定的兴趣，所以对于初步的社群连接，这一粉丝群体也不会表现出抵触情绪。

当企业、商家将这一粉丝群体引导进入社群后，就可以通过系统的社群运营提升粉丝群体的黏性。企业、商家可以通过互动、聊天和交友等各种方式提升粉丝黏性，并将这类粉丝与直播活动紧密相连，通过社群内直播活动的预热以及完播后的维护等方式，对粉丝进行提纯，将更多优质粉丝引流到会员制社群中，这样做不仅可以确保自媒体平台直播活动的效果，更能营造直播间的活跃氛围。

在粉丝黏性提升过程中，重点不在于社群的运营方式，而在于从自媒体平台到社群之间的转化过程。虽然这一粉丝群体对进入社群不抵触，但为了减少这一过程中粉丝的流失，企业、商家还需要采取一定的技巧与方法。

1. 福利引导

在直播过程中，通过赠送福利的方式引导普通用户进入社群。

例如，今天我们为各位粉丝准备了 200 份礼物，加入主播粉丝群即可领取，先到先得，送完为止。

这种引导方式虽然需要企业、商家投入一定的成本，但转化效果非常突出，正常情况下，200 份礼物可以吸引 600 个以上的粉丝入群。

2. 情感引导

所谓情感引导，是指通过主播的个人魅力引导粉丝入群的转化方式。主播在直播过程中，不断带动直播间氛围，尽可能与更多粉丝产生互动。

例如，主播可以对粉丝讲：今天与各位朋友聊天聊得非常高兴，大家非常懂我，但今天直播时间有限，各位朋友可以加入我们的粉丝群，平时不直播的时候大家也可以保持联系。

这种情感引导的方式主要依靠主播的个人直播技巧，用一些话术和才艺展示均可。只要主播自身魅力得到充分体现，粉丝的社群转化就能够达到期望的效果。

3.1.3 社群裂变为直播间导流首批活跃粉丝

"直播＋社群营销"组合拳表现出的实质优势往往体现在直播间当中，直播间气氛活跃，互动频繁，下单购买频次也较高。这也是很多企业、商家一直奇怪，为何有些竞争对手的平台粉丝数量远低于自己，但每场直播的效果都极其惊人的主要原因。

即便刚刚入驻自媒体平台的企业、商家，只要及时把自己拥有的"社群私域流量"与自媒体平台连接，直播间就可以长期拥有一定规模的活跃粉丝，自媒体平台的账号发展也可以非常顺畅。

社群裂变拓客在"直播＋社群营销"组合拳中非常重要，其效果可以转化为企业、商家的直接利益。

学习笔记：

服务一个用户是传统商业，运营一个用户是现代商业，裂变一个社群就是未来商业。

3.2 社群运营前期管理策略与技巧

现代商业社群运营的意义和价值十分明确，在越来越多企业、商家运用"直播＋社群营销"组合拳实现盈利之时，整个市场的竞争程度开始不断加剧，在激烈的市场竞争中如何获得发展优势，要取决于社群运营的效果。社群运营是系统性商业策略，不同阶段采用不同的技巧，才能够取得良好的效果。

3.2.1 社群裂变统筹时的社群分类

社群属性不同，采取的运营策略也不同。在社群裂变统筹阶段，我们可以根据社群职能的不同，对社群进行准确分类。通过职能分类，社群的定位才能够清晰，企业、商家才能够明确运营团队的职责与策略，才能够细化运营内容。

社群分类的目的是对不同等级用户做好分层管理，方便企业、商家做好点对点的精准服务。根据社群成长的特点可将社群分为三大类，这三大类的社群也对应着不同的团队与运营方法。社群的分类与运营方法如图3-2所示。

图 3-2　社群的分类与运营方法

1. 针对活动用户的快闪福利社群

对于这类社群，社群运营以营销活动为主，运营团队采取的主要策略为通过线上主题活动为福利类直播做流量储备，进而引导成交会员礼包。

前面我们提到了在"直播+社群营销"组合拳当中，两者处于双向引流状态，将自媒体平台引流到社群的粉丝进行运营之后，可以反哺线上直播间，这种逻辑正是福利社群的运营逻辑。

对于常规的活动用户而言，"福利"是这一群体的长期需求，同样"福利"也是社群与粉丝保持长期连接的关键点。因此，在这类社群运营过程中，运营团队需要长期把"福利"作为运营重点，根据社群活跃度及时调整福利策略，以此确保直播间的直播活动可以得到私域流量的支持。

当然，直播间的流量储备只是福利社群运营的基本策略，至于社群发展方向，运营团队需要引导社群粉丝购买会员礼包，引导粉丝升级到更高级的社群——会员社群。

2. 针对会员用户的会员社群

会员社群是通过设定会员特权服务与权益，沉淀会员制用户，为直播间导流，引导用户复购、升单、升级为代理。

在常规社群运营过程中，对于一些活动参与率较高、在直播带货活动中转化率高、互动较多的用户，企业、商家的运营团队应该及时采取引导策略，将其升级为会员用户。

站在粉丝的角度思考，如果粉丝给予了社群更多支持和更多肯定，但享有的福利仍与普通粉丝相同，那么这种社群运营方式就无法进行粉丝提纯。因此，针对这类用户，运营团队要懂得及时沉淀、深度挖掘、正确引导，及时升级优质粉丝的身份地位，确保社群与粉丝之间的连接不断向紧密化方向发展。

在会员用户社群中，会员粉丝享有更多福利，但最能提升会员体验感的是社群服务。运营团队的主要策略还是以服务营销为主，在到位、体贴的服务下，再开展各种社群营销活动。

3. 针对升级用户的代理社群

社群运营的重点方向是社群裂变，如果说常规粉丝是企业、商家的市场，会员粉丝是企业、商家的朋友，那么优质的重点粉丝便可以成为企业、商家的助手，这就是所谓的代理社群。

正常情况，常规粉丝注重社群福利，在福利足够吸引人的前提下，会员粉丝会主动对社群营销活动、直播福利活动进行推广，但相对频率较低。

会员粉丝还会根据社群服务的体验感在朋友圈进行分享，其主要作用在于引流，对社群进行传播。

通过会员社群的运营，将会员升级为代理，将消费者转变为消费商，重点用户就可以变身为企业、商家发展体系中的推广人员，这就是代理社群中会员的作用。

代理社群中的粉丝不仅会根据社群活动、社群福利和社群服务进行有针对性的推广，更会因为自身思维的转变对社群，对企业、商家，对品牌进行全面、细致的推广。此类社群粉丝享受着更到位的福利与服务，得到了更实际的利益。利益的大小与推广的程度成正比关系。

随着这一社群规模的不断扩大，企业、商家的市场才会不断延伸，才会自主成长，发展动力才能更加充足。

3.2.2 快闪福利社群分类

在社群运营过程中我们经常遇到三大问题：运营难，见效慢，成本高。

1. 运营难

在最开始的时候社群的活跃度会很高，但如果后期运营跟不上，随着时长的拉长，运营人员往往会失去热情与信心。

2. 见效慢

社群变现是社群运营的最终目的，很多运营者在运营社群时只想快速成交，一旦想着快速成交社群就变成了广告群，而选择长期运营，又把时间周期拉得太长，难以见效。

3. 成本高

运营成本包括人员成本、福利支出等，如果运营成本高，无法赢利，那么社群就无法持续运营。

快闪福利社群是在私域流量营销活动中周期短、见效快、成本低的营销方式，基本上可以实现3天裂变、2天成交、一周做完一场活动，然后直接成交。

对于快闪福利社群，做好分层管理非常重要，用机制管人，按流程管事，这样精细化的运营分工才能落地。按照功能和重要性，我们可以将快闪福利社群分为3类：A类大脑指挥社群、B类群主指挥社群和C类活动社群，下面分析一下各个社群所对应的运营团队的职责与运营方法。

3.2.3 A类大脑指挥社群

虽然社群的搭建顺序是从下到上，但裂变活动的开展却应该是从上到下，即从A类社群一直细化到C类社群。

A类社群团队成员的职能主要体现在组织、统筹社群活动方面，主要工作有3项内容，如图3-3所示。

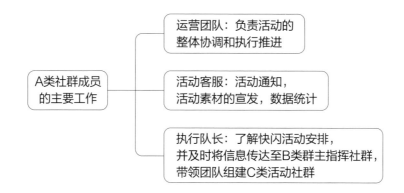

图 3-3　A 类社群成员的主要工作

3.2.4 B 类群主指挥社群

在 A 类社群完成指挥部署工作之后，B 类社群的执行队长开始招募裂变的种子用户，邀请他们成为本次活动的群主，并获取对应的利益分配。

B 类社群团队成员的具体工作分配如下：

（1）执行队长：负责协调所有建群的群主活动指挥，设置群主任务奖励机制。

（2）活动客服：活动通知，活动素材的宣发，数据统计。

（3）福利群群主 + 群管理人员：完成福利群的搭建，引导客户拉新邀约。

相比A类社群指挥统筹的作用而言，B类社群的作用更加细化，相当于群主指挥群，即引导、优化各个活动社群的实质裂变内容。如果B类社群的运营策略不得当，或活动流程出现纰漏，则整个裂变活动都会受到影响。因此，这一社群也被视为社群裂变的关键通道。

3.2.5 C 类活动社群

C 类社群也是各种裂变活动的主要载体。

团队成员的具体工作分配如下：

（1）群主：负责活动社群的搭建，群规则和群公告的设定，维护社群秩序。

（2）内容宣发人员：活动素材的宣发，社群的互动与答疑。

（3）数据统计人员：统计群裂变人数、奖品领取订单、会员礼包订单。

C 类社群的裂变活动工作量大，需要团队成员投入非常多的时间和精力。在这一过程中，为确保裂变活动效果，团队成员必须保持高度的工作热情，确保每一项工作都可以产生裂变效果，同时，还需要用敏锐的思维来应对裂变过程中的各种突发事件。

C 类社群的裂变活动一定要保持较高的效率，只有在短期内有效触达更多用户，裂变才能达到企业、商家预期的目的。

学习笔记：

社群的准确分类、清晰定位、统筹管理是社群裂变拓客的重要基础，也是"直播＋社群营销"组合拳的价值保障。

3.3 社群裂变流程拆解

社群裂变是社群营销的主要方式,社群裂变的频率、速度和规模决定着新媒体时代商业运作的节奏。如图3-4所示,社群裂变可分为预热期、裂变期、留存期、直播期、营销期和成交期6个阶段。

图3-4 社群裂变的6个阶段

3.3.1 预热期

在预热期,是指社群在企业、商家要开展各种预热活动,为裂变活动做准备。

具体体现为向粉丝详细介绍活动福利、活动价值以及活动规则和参与条件等,令粉丝对活动有一个初步印象。

还可以通过话术引导,激发粉丝兴趣,从而找到粉丝痛点,就痛点开展粉丝裂变活动。

例如，西贝在 2019 年就曾通过社群运营取得了 5 天销售 2000 盒月饼的佳绩。在预热过程中，西贝开展了精准的营销活动，社群裂变效果自然非同凡响。在此次活动中，西贝社群的运营者主要依靠以下几种话术充分调动了粉丝的情绪，并精准把握了粉丝的需求。

（1）最近好多朋友一直问我近期会不会开展活动，要不然各位朋友把希望搞活动的产品留言告诉我吧，对于大家提到最多的产品，我会向老板申请粉丝福利。

（2）上条朋友圈朋友们的回复太多了，但我没想到小伙伴们最希望搞活动的产品居然是它，大家猜一猜这款产品是什么？我会根据小伙伴们的点赞数量向总部申请活动的优惠程度，优惠力度多大全看你们了。

（3）朋友们，咱们本次优惠活动的主打产品真的是众望所归。大家的眼光太独到了，居然都选择杂粮月饼。活动我已经报给总部了，但总部要根据粉丝的需求程度最终确定优惠力度，小伙伴们赶快动起来，把点赞数刷上去。

（4）朋友们，我已经为大家申请到比 VIP 更低的优惠价格了，今晚 8 点钟我准时开放进群团购名额，参加活动的朋友赶紧点赞啦，我会在这条朋友圈里及时提醒大家。

以上四种话术可以用在活动调查、有奖竞猜、拼团预告等场景中，通过话术的带动，在社群裂变活动开展之前，就已经调动起粉丝们的积极性了，为后期的裂变打下了良好的基础。

3.3.2 裂变期

有了预热期的铺垫，裂变期顺势到来。在裂变期企业、商家需要做的只有一点，即引导粉丝自发裂变，不断扩大社群基数，促使粉丝主动传播。

在实际操作过程中，最常用的裂变方式有以下几种：

（1）分享活动信息获得奖品。主动将活动海报等分享到朋友圈或分享给其他平台的用户，在获得××个赞之后，可以获得奖品。

（2）拉朋友进社群，拉两人进群就可以获得礼品，拉的人数越多，礼品价值越大。

（3）请粉丝邀请好友进群，群人数满×××人之后，全群发福利。

这是目前常见的3种引导粉丝裂变的方式。同时，在裂变期有两个关键点需要我们注意。

（1）裂变活动要流畅。运营团队需要确保活动始终流畅，即活动开展过程中的各个环节和各项硬件都不要出现问题，各种突发情况的应对方案需要准备齐全。

例如，活动过程中海报中的二维码失效时应该及时补救，微信群人数满员时群主应该及时导流，粉丝裂变后奖品的送达应确保时效性等，这些都需要企业、商家做好充足的准备工作，只有确保了活动的流畅度，社群裂变才会取得预期的效果。

（2）裂变奖励机制要有吸引力。粉丝在奖励机制的带动下，裂变的程度往往可以超过预期。而独具吸引力的奖励机制往往有这样一个特点，即奖励幅度随裂变程度逐渐增大。

例如，粉丝引入1个朋友送1份礼品，引入10个朋友送12份礼品，引入50个朋友送70份礼品，引入100个朋友送150份礼品。

在这种机制下，更多粉丝愿意挑战最高等级的奖品，虽然大多数人最终可能无法获得150份礼品的奖励，但带来的裂变效果也是非常可观的。

以上两个关键点是我们在裂变期开展活动的过程中需要注意的，只有活动能圆满开展，后续的社群运营才能产生更好的效果。

3.3.3 留存期

留存期非常关键，关系到裂变后新粉丝的留存问题，从而决定着裂变活动的成功与否。新粉丝能否留存的关键在于其进入社群后能否感受到社群的价值。

正常情况下，想要在留存期确保新粉丝彻底转化为社群的铁粉，需要在留存期与新粉丝保持高度互动，令其对社群产生信任与青睐。

在留存期，我们可以通过以下方法来提高新粉丝的留存率。

（1）以娱乐性活动、礼品派送的方式提高新粉丝在社群内的活跃度。在裂变活动之后，群主可以开展其他娱乐性活动，主动与新粉丝建立情感连接，并及时送出一些礼品给活跃度较高的新粉丝，以此带动整个社群的日常活跃度。

（2）及时开展一些测试类活动，并与新粉丝进行测试结果分享，用一些专业建议表达关心，以此提升新粉丝对社群的好感。

（3）主动咨询新粉丝的建议，优化社群运营。新粉丝进入社群后最担心的是存在感少，如果群主、管理员只与老粉丝互动，而忽略了新粉丝的感受，则很容易造成新粉丝的流失。针对这种情况，社群可以主动咨询新粉丝关于日常社群维护、运营方面的建议和意见，并给予新粉丝一定的肯定，从而加速新粉丝向老粉丝的转化过程。

（4）定期抽奖活动，提升社群的活跃度。在社群维护过程中要定期组织一些抽奖类社群活动，让新粉丝了解到社群是一种长期的、健康的社交商业群体。

3.3.4 直播期

社群裂变转化的第四个阶段是直播期。相比传统社群营销而言，直播期可以大幅度提升社群裂变效果，同时直播带货的成果也会有所提升。

经过前面三个阶段的运作，社群裂变产生的新粉丝已经对社群产生了一定的信任，这时一场高品质的直播可以深度沉淀新粉丝，令其对社群产生忠诚度。

在社群裂变活动后，企业、商家需要开展的直播活动大多以宠粉为主题，目的是为了令新粉丝感受到社群的与众不同之处，以及社群的福利。

直播过程中主要以粉丝需求为主导，及时抛出与粉丝相关或引发粉丝关注的话题，以此吸引粉丝关注，获得点赞增长。同时，在直播带货的过程中要懂得塑造产品，从专业角度详细展示产品的优势及价值，在粉丝心中树立专业的形象。

之后，运营团队需要重点突出宠粉福利，将福利性产品作为礼物送给直播间的粉丝，在直播间内营造一种亲情氛围，令粉丝产生亲切感，这种福利式直播还可以引导新粉丝的再次裂变，进而做到流量爆破。

3.3.5 营销期

完成了前面的步骤，随后社群裂变转化才能够进入实质性阶段。由于粉丝已经对社群产生了信任和依赖感，因此之后的直播活动可以采用带货的形式进行。

在直播过程中，充分展示产品优势，并结合各种直播技巧，及时向粉丝推荐，当然相应的折扣、优惠券等粉丝福利还需配备齐全。

直播结束之后，社群营销也应及时跟上，以确保社群内未观看直播的私域流量也可以受到直播带货的影响。直播后的社群维护也很重要，向粉丝分享产品的使用体验，或对产品问题进行专业解答，都是营销活动的重要方式。

3.3.6 成交期

经过营销期之后，社群裂变活动就进入了最关键的成交期。

通过限购活动突出社群为粉丝谋福利的用心，可以有效提高直播过程中的带货效果。

在各大自媒体平台之上，很多企业、商家会忽视社群裂变活动的前期步骤，直接跳到成交环节。

而事实上，虽然社群裂变活动的周期较长，但在裂变过程中粉丝数量、信任度和忠诚度都会有所提升，所以社群裂变产生的转化效果要远远超越前者。

社群裂变是一项非常系统的运营操作，所有环节的设置都是为了最终的转化目标，其中任何一个环节出现问题都会对结果产生不良影响。想要提高社群裂变的规模，企业、商家需要从各个环节入手，思考运营技巧及直播与社群相结合的巧妙之处。

> 学习笔记：
> 社群裂变的频率、程度、规模取决于裂变流程的节奏掌控，优化每一个环节，才能取得预期的裂变效果。

3.4 先找种子用户，再做圈层裂变

社群裂变的效果不仅取决于裂变活动的策略，以及流程的细化拆解，在实施过程中，用户的品质也决定着裂变成果的多少。在常规的社群运营中，企业、商家都会重视优质种子用户，而在裂变活动过程中，这一群体当然不能被忽视。所以说，先精准定位种子用户，再进行圈层裂变的实质工作，取得的效果往往会更好。

3.4.1 用户关系与用户分级

在精准定位种子用户之前，企业、商家应该先明确种子用户获取的渠道，这就关系到了社群中的用户关系与用户分级。明确了用户关系与用户分级，企业、商家便可以更精准地找到种子流量。我们通过对数十个优质商业社群的用户关系与用户分级进行分析之后，总结得出目前社群与用户之间的 3 种关系，如图 3-5 所示。

图 3-5 社群与用户之间的 3 种关系

1. 强关系用户

（1）持续购买产品的用户。持续购买产品的用户是对社群忠诚度较高的用户，无论处于哪一类社群当中，他们都可以被视为与社群保持紧密连接的强关系用户。这类用户非常容易被企业、商家触达，往往可以给企业、商家带来意外的惊喜。

（2）成为品牌 VIP 会员的用户。能够被企业、商家沉淀的品牌 VIP 用户，在忠诚度与品牌依赖性上都有突出的表现。这部分用户可以被视为忠诚度较高的用户。在这一群体中进行裂变活动，产生的裂变效果远比品牌福利活动取得的效果更加突出。

用户对品牌忠诚度高，自然对品牌的了解更到位，且对产品效果的说服力也会更强。在品牌裂变活动中，这些用户是企业、商家最宝贵的资源。

（3）朋友。社群裂变活动触达的第一群体，往往是朋友与亲属。其中，朋友的需求更为丰富，更容易被触达，裂变效率更高。相比社群内部其他用户而言，我们更了解朋友的脾气秉性，更清楚朋友的需求点。所以在这一群体当中裂变活动可以进行得更加轻松，频率也相对较高。

（4）亲属。除了朋友，亲属也是裂变活动的第一群体，且根据亲属关系的亲疏，产生的裂变效果也不同。对于福利类裂变策略而言，在亲属关系圈子内，取得的效果比朋友圈会更好。因为大众都有"肥水不流外人田"的观念，福利类的裂变活动会被亲属认定为亲情之上的相互关照，裂变效率自然更高。

对于企业、商家而言，80% 以上的种子用户来源于强关系用户。

2. 中关系用户

相比强关系用户而言，中关系用户虽然没有那么优质，但也是企业、商家可以轻松获取到的资源，中关系用户可分为以下几种。

（1）参加过活动但未购买过产品的用户。这类用户大多被自媒体平台上账号的优质作品，或主播个人所吸引，经常参加社群内的活动，但更多是为了追求娱乐性，商业价值有待挖掘。很多企业、商家认为这部分用户过于"鸡肋"，因为"直播+社群营销"的双向引导都不能体现其商业价值，虽然日常活跃度明显，但最大的作用仅在于活跃社群氛围。

其实这类用户的商业潜在价值十分巨大，未能及时体现商业价值仅仅是因为企业、商家采取的引导方式未能触动这一群体。在日常运营过程中，与这类用户沟通要尽量深入，多次沟通后才能发觉这一群体的痛点需求，针对痛点采取的营销、裂变活动才能够达到企业、商家的期望值。

（2）从渠道引流的新用户。从渠道引流的新用户是社群裂变活动需要细化运营的一个群体，前期这一群体的留存是运营的重点，而当这一群体有了基础社群忠诚度后，就可以趁热打铁，开展裂变引导，实现各个渠道的拓展和流量的翻倍。

（3）朋友介绍的用户。对于朋友介绍的用户，首先需要满足其好奇心与需求。在朋友介绍下肯主动与企业、商家连接的用户大多有明确需求，或对企业、商家的某一营销点产生了好奇心。及时满足这一群体的好奇心和需求可以确保这一群体的留存，并促使这一群体就自身好奇、需求引发深度裂变，效果十分突出。

（4）在朋友圈扫码进群的用户。相比朋友介绍的用户而言，在朋友圈扫码进群的用户也有类似的需求与好奇心，但好奇程度远远大于需求程度。因为在朋友介绍的用户中，一部分用户是碍于与朋友之间的关系，并带有些许好奇心才进入社群的，但仅仅依靠朋友圈信息，就主动连接商家、企业的用户，更多是好奇中带有些许怀疑的态度，只有在企业、商家令其消除怀疑之后，这部分用户才会表达自己的真实需求，企业、商家才能够进行后续的营销、裂变引导。

3. 弱关系用户

通过平台引流和社群运营，企业、商家的用户群体可不断增长。无论这一群体如何发展，其中占比最多的依然是弱关系用户。这一群体的占比为60%左右，且营销、裂变效果不突出。

针对这一群体开展裂变活动要有针对性，在运营同时引导裂变，但不能因为追求裂变而影响用户的忠诚度。

3.4.2 如何获得高质量种子用户

大家非常清楚种子用户的可贵之处，但在海量的流量池当中吸引到种子用户并不轻松，企业、商家首先需要清楚高质量种子用户的主要来源。我们常用的方法就是"引、整、借、招"，下面进行详细介绍。

1. 渠道引流

任何行业都有属于自己的引流渠道，电商在平台、门店、经销商、自媒体平台等都是我们可以获取流量的地方。单纯从微信生态上来说，也可以看到整个引流矩阵，即微信公众号+小程序+视频号+社群的完整链路。

2. 上下游整合

每个行业都有自己的上下游供应链，有着共同的客户，但提供着不同的服务，大家可以联合起来，建设一个大家共同拥有的流量池，这被很多商家称为"异业联盟"。比如说家具行业，上游是房地产企业和装修公司，下游是软装、灯饰和家电公司等。我们无法完全满足客户的所有需求，但是我们可以联合起来，共同为客户服务。

3. 人脉借力

所谓人脉借力，是指借助运营团队的个人资源来搜集种子用户的方法。通过个人对生活圈内人脉资源的了解，可以定位出有潜力的种子用户，并进行这类种子用户的开发，进而提升种子用户的数量。

除此之外，我们常会看到很多人都在组建社群，但是仅有运营维护，而没有变现，那么我们可以借助他人无法变现的社群，让其跟我们一起玩，只需要给到群主一定的好处即可。

4. 公开招募

裂变活动涉及的范围越广，取得的效果便越好。因此，企业、商家需要不断拓宽裂变活动的渠道。公开招募活动的开展不仅是单个流量的引入，甚至直接吸引团队前来合作。

在公开招募的活动中，企业、商家要充分展示裂变活动的优势，并明确招募的条件，方便优质种子用户、种子团队对比自身条件，思考共赢发展。

学习笔记：

比新用户价值高的是老用户，比老用户价值更高的是私域流量，私域流量中价值最高的是种子用户。

3.5 如何制定机制,快速裂变活动群

在定位了优质种子用户之后,以此为起点开展裂变活动,可提高裂变活动的效率。

3.5.1 裂变活动基础步骤

如图 3-6 所示,裂变活动可分为 3 个步骤。

塑造活动主题 ⇨ 设置裂变邀约机制 ⇨ 引导互动裂变

图 3-6　裂变活动必备的 3 个步骤

1. 塑造活动主题

塑造活动主题可以吸引更多流量的关注。这一阶段可以被视为裂变活动的预热阶段,起到的作用会远超企业、商家的想象。后期裂变活动的氛围、效果很大程度上也取决于这一阶段吸引用户群体的规模。

2. 设置裂变邀约机制

裂变活动是社群流量翻倍的途径，因此，裂变邀约机制一定要明确，而且机制要成体系，要根据裂变活动的节奏采用不同的策略，比如下面的邀约机制。

任务 1：转发海报至朋友圈的伙伴即可参与直播间福利活动。

任务 2：邀请身边 5~10 名好友进群即可领取额外的小礼品。

任务 3：群满 300 人，将会有超级红包雨，大家抓紧邀约。

这种层级递进的邀约机制可以全面带动社群裂变的氛围。同时，还可以确保裂变时效不断延长。

3. 引导互动裂变

我们常见的裂变方法主要以引导互动为主，可以用多种方式体现，比如抽奖活动、有奖问答等。

3.5.2 裂变活动引流方法

我们通过对上千次社群裂变活动的总结，归纳了社群裂变引流的 5 种有效方法。

1. 任务邀请

通过老用户的邀请可以获取新用户，在给予老用户奖励的同时，新用户也会得到一定的奖励，邀请和受邀双方都能获利。

例如，瑞幸咖啡的裂变方式是老用户邀请好友来免费喝咖啡，老用户同样也可以获取免费的咖啡券，在显而易见的利益的驱动下，瑞幸咖啡的活动在社交圈可以迅速蔓延。

2. 分销裂变

分销裂变是指用户在社群内被一定的福利激励进行自发分享，以发消息的方式分享给好友，进而获得免费资源，通过众人分享的形式进行裂变。

3. 海报裂变

海报裂变是引导社群用户生成自己的裂变海报，通过转发裂变海报到朋友圈进行传播。

4. 拼团裂变

拼团裂变就是两个人或多人一起拼团购买某产品，种子用户发起拼团，分享给好友邀请其参团，共同以低价购买产品，好处是邀请和受邀双方都能以低价得到想要的产品。

采用这种裂变方式的代表就是拼多多，在拼多多发展高峰期，我们在微信中会经常收到好友邀请拼团的信息。

5. 助力裂变

助力裂变的方法主要体现在以下两个方面。

（1）通过分享给好友，让好友进行一定的操作，使自己得到收益。

（2）众人帮忙砍价活动。用户选好产品后，分享在社群中，邀请好友点击帮忙砍价，如此用户以低价即可获得高性价比的中意产品。

以上 5 种裂变方法是目前主流的裂变活动引流方法，企业、商家可根据自身情况合理使用。

3.5.3 裂变活动邀约模板

下面为大家分享 3 种裂变活动邀约模板，合理利用便可以提高裂变活动的品质。

1. 感恩类

例如，一定是特别的缘分，让我们能够认识，感谢我们彼此的相遇。

2. 价值类

例如，最近我们在做 ×× 活动社群，社群会给您提供 ×× 的分享和好物推荐。

3. 指令类

例如，现在进群的话，我们还将为您提供××，您只需要进行简单的操作便可领取，现在回复数字"1"，马上拉您入群。

3.5.4 裂变活动健全体系

1. 设定活动主题

社群裂变活动可以分为以下两个类型。

（1）福利型裂变活动。这类社群裂变活动将从两个方向出发，一是从社群的角度引流，进群即可领取福利；二是从社群成员的角度出发，邀请朋友进群即可领取福利。两种方法简单直接，效果也非常突出。

这类主题的社群裂变活动适合一些以实体产品营销转化为主的社群，裂变之后，营销转化效果提升也十分明显。

（2）产品+知识分享型裂变活动。对于一些需要使用方法、使用技巧和需要深度了解的产品而言，福利型裂变活动的吸引力比产品+知识分享型裂变活动的吸引力要小，而且产品自身的转化效果也不佳。通过"买产品送课程""买课程送产品"的方式进行裂变推广，则可以获得更多用户的青睐。

在这类裂变活动中，活动的中心往往不是产品与福利，而是专业的知识分享。比如护肤技巧、减肥方法等，在这类裂变活动中，产品的作用是助力用户通过知识学习早日达成护肤、减肥的目的。所以在这类活动中知识是主体，产品只起到锦上添花的作用。

2. 确定裂变诱饵

任何裂变活动都有自身独特的吸引点，这种吸引点就是裂变活动的诱饵。裂变诱饵一般分为4种，我们可以根据活动的具体情况选择适合的种类。

（1）刚需性诱饵。刚需性诱饵是指一些生活必备品，可以为社群裂变活动带来足够的吸引力。

（2）季节性诱饵。季节性诱饵是指带有季节特点的诱饵，虽然这类诱饵对社群裂变活动而言时效性短，但吸引力比刚需性诱饵更大。

（3）价值感诱饵。价值感诱饵更多是指一些虚拟资源，比如课程等，这类资源虽然不是实物，但产生的价值非常大。

（4）低教育成本诱饵。低教育成本诱饵可以在父母群体中产生很强的吸引力。

3. 设计裂变海报

在裂变活动的传播过程中，裂变海报是直观性信息的主要载体，所以在设计裂变海报时要遵循一定的方法和策略。

（1）吸睛大标题，抓住客户注意力。目前，虽然标题党被不断吐槽，但标题党取得的吸睛效果是有目共睹的，我们不倡导标题党的方式，但企业、商家一定要让自己的标题具有标题党的效果。可以通过以下4种方法来吸引客户的注意力。

① 数字对比。例如，冥想5分钟＝熟睡1小时。

② 行动成本低。例如，在家如何练出紧致身材。

③ 百度提问式。例如，怎么打扮最有气质？

④ 福利吸引。例如，免费领取价值888元的迪奥香水。

（2）塑造权威，建立信任。专业人士有权威的形象，所以更容易令人信服。在社群裂变活动中，塑造权威并建立信任的方法通常有以下3种。

① 利用专业导师IP介绍。在这一过程中，导师的IP可以通过在相关领域的专业性和头衔背书两种方法来建立。

② 利用从众心理。所谓从众心理，是指在用户意识中，这一活动是大多数人认同的活动，可以通过一些数据的展示来营造这种氛围，比如×××活动已经有×××人报名。

③ 利用真实形象。相比以上两种方法，真实形象会更具吸引力，但这种方法需

要以良好的自身形象为基础。

（3）强调收获，刺激欲望。在福利类活动中，福利的获取比福利的展示更具有吸引力，一些对福利的全面描述可以提升海报整体的吸睛效果，比如参加活动能够得到什么好处。

（4）催促行动。在一些活动中使用有时限的引导策略在当下很常见。比如使用限时、限量、限购、免费、优惠、倒计时等引导用户采取行动的方式，都可以取得提升用户关注度的效果。

4. 裂变启动

做好准备工作，裂变活动便可以进入启动阶段，分为以下4个步骤。

（1）预热，邀约种子用户。这是社群基础流量初步增长的阶段。

（2）互动，引导社群裂变。这是社群基础流量倍增的阶段。

（3）客户留存与价值塑造。这是提升新用户信任度、忠诚度的阶段。

（4）及时兑现奖励。这是用户沉淀和引导新用户长期留存的阶段。

5. 裂变话术

在裂变活动的不同阶段，话术也有不同的侧重点。

（1）裂变前邀约话术。这类话术主要侧重卖感情、送福利和求支持。

（2）朋友圈转发的宣传话术。这类话术可以贯穿整个裂变活动，从活动初期到活动效果维护，宣传话术应全程保留。宣传话术主要体现在三个方面：好评式话术、期待式话术和承诺式话术。

（3）进群留人话术。新用户的留存决定了最终裂变效果的大小。因此，在这一阶段的沟通需要把握重点，即详细为新用户讲清社群规则，引导新用户在第一时间清楚社群的定位。

以上 5 点便是完整的裂变活动体系，企业、商家可以根据活动环节、活动元素等制定相应的活动机制，体系越健全，机制越明确，效果自然越喜人。

> 学习笔记：
>
> 在社群裂变活动中，定位优质种子用户是起点，再加上健全的裂变机制，就能大大提高裂变成功的概率。

3.6 如何制定成交方案，让客户不得不成交

成交转化是社群运营、社群裂变的主要目的，但成交并不是唯一追求。相对于社群运营、社群裂变，以及"直播+社群营销"组合拳而言，成交是水到渠成的结果，并非社群的价值衡量标准。

在社群裂变活动中，企业、商家要根据社群裂变活动的具体流程、策略以及社群的属性，制定让客户不得不成交的方案，通过各种技巧可大幅度提高成交概率。

另外，裂变活动的成交方案既要务实，又要务虚，把用户服务至复购多次才是目的。

所谓务虚，是指注重用户的虚拟权益，让用户享受到精神层面的服务，让用户有被特殊对待的体验。

比如1对1的专业咨询建议、专业系统的干货分享、定制的解决方案等。

所谓务实，是指带给用户的实际权益，让用户享受到可视化的福利，能够解决实际问题。

比如有品质有颜值的产品、超值大礼包、优惠券、折扣、抽奖等。

另外，成交方案还需要融入社群运营、社群裂变的体系当中。

例如，针对购买单品/套装的粉丝，通过运营形成准会员顾客圈层；针对购买VIP会员的顾客，通过运营形成会员顾客圈层，这才是社群裂变的正确路径。千万不能因为追求成交而忽视了用户体验，降低了粉丝忠诚度。

3.6.1 社群成交转化设计

社群成交方案的制定当然也需要缜密的设计。在广告营销学中刘易斯有个著名的营销公式，叫作AIDAS法则。越将注意力集中在具体人或具体的需求上，越能较快地吸引他(们)来购买。但这个潜在欲望有时需要加以诱导，因为消费者做出购买决定是一个逐步发展的心理过程，即注意(Attention)、兴趣(Interest)、欲望(Desire)、行动(Action)和满意(Satisfaction)。当我们把这个营销理论应用到社群营销的时候，即可梳理出社群成交方案的制定思路，如图3-7所示。

图3-7 社群成交方案的制定思路

1. 吸引注意力

这是一个"眼球经济"的时代，我们需要通过一定的福利、价值吸引用户注意，并切合用户需求，从而达成成交转化。这一思维非常直接，但方案制定过程中需要寻找到吸引力足够强大的载体。

我们要先抛出话题来吸引用户，话题其实并不缺，要用心去挖掘生活当中的案例和故事。例如，一款护肤品可以有故事类话题、家庭类话题和痛点类话题。找到共同的话题来吸引用户的注意力，然后再循序渐进地种草。

2. 激发兴趣点

兴趣点是针对个人爱好、个人兴趣制定的成交转化方案。从社群营销的角度来分析，这类成交转化方案其实是满足用户痛点需求的一种。爱好、兴趣作为大众生活中的主要娱乐元素，可以被视为很多人的刚需，而且单一领域内兴趣越浓厚，需求越强烈。

利用兴趣点制定成交转化方案需要企业、商家根据自己产品的特点、属性和作用去满足用户某一领域的需求，当用户发现这类产品能给其带来触动、改变之后，成交转化自然可以提升。

例如，抖音、快手等自媒体平台上有很多钓鱼类短视频，甚至有很多钓鱼场景直播，对于没有这一爱好的人群而言，这类作品、直播毫无吸引力，但对于钓友而言，哪怕只是钓鱼的场景都可以引发其深度关注，随后各种渔具的销售转化就很容易了。

3. 点燃欲望

罗永浩曾说过这样一句话：直播带货要么点燃你的欲望，要么直击你的痛点。追求幸福和拒绝痛苦是成交转化的主要动力。

对于点燃欲望的成交转化方案，产生的效果往往会通向两个极端，如果消费者的欲望没有被点燃，那么成交方案可能一个点赞都无法收获；如果消费者的欲望被点燃，成交转化的效果将极其惊人。

4. 号召行动

前面所有的工作都是在利用人性的弱点来种草，但我们不能只顾着种草，最重要的是要引导用户采取行动。如果没有让用户采取行动，那么前面所做的工作都是无效的行为。

5. 强调收获

强调收获是指强调用户把产品购买回去后的那种获得感。我们常常会给用户勾画一些场景，比如在买到产品后，你会爱不释手，拿到产品不要着急，我来教你如何使用，让产品价值最大化；再比如使用我们的产品后，你将会变得更加幸福快乐，困扰你多年的问题将会得到解决，让你重新找回自信等。

当然，这类方式不仅针对实体产品，线上教育、1 对 1 辅导等都可以通过这类方式实现高效转化。

3.6.2 社群成交文案模型

任何成交方案的实施都需要对应的文案策划，只有配备到位的文案，成交转化的思维才能够得以体现，才能够转化为实际价值。当下，成交转化思维十分丰富，承载这些思维的主流文案模型主要有以下 3 种。

1. 福利类文案

社群营销过程中最主要的文案类型就是福利类文案。这类文案的主要特点在于福利的展示，从福利的种类到福利的程度，以及领取福利的方式等都应进行全面描述，这样才能够产生不同程度的裂变和成交转化。

制定福利类文案时，企业、商家需要注意以下几点。

（1）福利的价值不要过度夸张。例如，某些企业、商家在活动过程中宣传拉 50 位好友进群，送价值 1000 元的迪奥香水。但了解迪奥品牌的粉丝一眼就可以看出这款香水的专柜售价才 600 元，这就会引发粉丝的反感，并大幅度降低粉丝对企业、商家的信任。

（2）福利的描述一定要准确、清晰。同样以拉 50 位好友进群送香水为例，一些企业、商家的宣传文案为"拉 50 位好友进群，送价值 1000 元的名牌香水"，这种方法看起来规避了粉丝比价的风险，但文案的可信度大大降低，这类文案带来的转化效果同样会不理想。

（3）福利的领取一定要明确。某些企业、商家的宣传文案为"拉 50 位好友进群，送价值 888 元的迪奥香水"，福利清晰明确，裂变效果也十分突出，但好友进群之后，群主却要求50位好友转发朋友圈之后才能领取福利,这类福利类文案实际上是欺骗了粉丝。企业、商家对领取福利的描述不准确,很容易引发粉丝的不满,这类文案一定要规避。

2. 专家类文案

专家类文案的主要优势在于通过专业的语言表达、知识讲解真实解决粉丝、用户的问题。

目前,在抖音、快手等自媒体平台,以"老爸评测"为代表的评测、打假类账号带货时所配备的都是专家类文案,粉丝信任度超高,转化效果也非常好。

3. 场景类文案

场景类文案是指有一定场景描述、氛围烘托的成交转化文案。2017年招商银行对外推广了一条"世界再大,也不过一盘番茄炒鸡蛋"的广告,这条广告讲述的是一位留学生身在海外,突然想吃番茄炒鸡蛋,于是给父母打电话求助的故事。

故事里父母耐心讲解,并录制视频,全程陪同孩子制作番茄炒鸡蛋,制作成功之后父母还欣慰地夸奖孩子。这时,孩子才突然想起,自己所在的国家与国内时差较大,自己的白天却是父母的黑夜。在这盘简单的番茄炒蛋中,包含的是父母满满的爱。

这则广告当时刷爆了朋友圈,被称为最暖心的广告之一。这则广告也使得招商银行的VISA留学信用卡办卡数量激增。

由此看来,对于情感类社群营销而言,场景类文案的效果还是十分突出的。

3.6.3 社群成交的打法

同样的运营策略,同样的裂变方法,却可以产生不同的转化结果,出现这种情况的主要原因就是社群成交的打法存在差异。

2020年,小米CEO雷军在抖音直播带货,2小时销售额破亿元,在带货过程中有多款产品瞬间被清空，取得这种效果的原因之一，便是雷军团队一直精准掌握着直播成交的打法。

我们将社群成交的打法总结为7种，这些方法可以在带货过程中有效提升转化率。

1. 限制时间销售

顾名思义，限制时间销售是指在限定的时间内进行销售。这类成交方式可以带动直播间内用户、粉丝的情绪，大幅度提升用户、粉丝的购买欲望。

2. 限定数量销售

限定数量销售就是大家常见的限量抢购，这种销售方式大多带有一定福利性，产生的转化效果会更突出。在这类销售中企业、商家获得的利润并不高，主要作用在于引流吸粉，以及活跃直播间的氛围。

3. 限制优惠销售

限制优惠销售是一种调节优惠力度的销售方式，这类销售方式带来的销售效果相比前两种而言更明显。目前，不仅在自媒体平台上，各大电商零售平台也都在采用这一策略。

例如，前 10 位下单的用户可享受 6 折优惠，第 10 位到第 100 位下单的用户可享受 8 折优惠。

这种方式在产品开售时可以带来超高的转化率。

4. 从众心理晒单

正所谓"大家好，才是真的好"，这句广告语如今已经被企业、商家挖掘出了更深的商业价值。在企业、商家的社群运营、社群裂变过程中，营销节奏的带动都会运用到粉丝的"从众心理"。

例如，我们××产品的销量已经破万啦，还没有入手的小伙伴赶快下单吧，库存不多，机会难得。

在这种方式的引导下，粉丝往往会跟随尝试，虽然不属于冲动下单吧，却也缺乏日常的冷静。

5. 排队接龙成交

排队接龙成交是一种现象级的成交转化。例如，在喜茶等网红产品的实体店，很多粉丝要排队几小时才能购买到产品，这种现象越多，产品销售越火爆。

排队接龙成交在"直播+社群营销"组合拳中也非常实用。主播强调产品库存不足，然后瞬间被抢购一空，这时主播会讲：为了回馈粉丝，我们决定15分钟后进行补仓，然后直播间内的大量粉丝会留存等待，排队购买下一批产品。

我们通过分析总结得出线上的排队接龙营销属于饥饿营销+现象级营销的组合，这种方式适合品牌产品和高性价比产品，带货效果非常突出。

6. 用户答疑成交

相比其他成交打法，用户答疑成交的效果往往更好，在解决粉丝的共同疑虑之后，很容易出现转化率暴增的情况，所以企业、商家需要加倍重视这种成交方式。

7. 案例反馈成交

案例反馈成交是通过成交案例的分享、口碑扩散等方式获得成交。这类成交方式可以为企业、商家带来复购，对成熟的社群而言，这种成交方式非常有效。

以上便是决定社群成交的7种重要打法，掌握好这些关键技巧，便可以更好地把控各种活动的带货转化，从而大幅度提升活动的商业价值。

学习笔记：

裂变活动的成交方案既要务实，也要务虚，把用户服务至复购多次才是目的。

3.7 如何采用比拼模式,给团队定指标、下任务

在社群营销中对内部团队的激励很重要。在内部团队中及时开展比拼活动,通过定指标、下任务的方式激励团队,营销效果才会更好。

3.7.1 团队奖励计划

我们提高运营团队的主观能动性主要依靠健全机制的设定,而不是依靠"喊口号"。

1. 以裂变指标定机制,完成裂变目标

主要体现为以活动群为单位,以社群的用户数量作为考核。

2. 以成交指标定机制,完成销售目标

主要体现为以成交的产品数量和金额作为考核。

在这两种机制的促进下,团队比拼的方向才明确,活动才能够有效开展。

3.7.2 群主裂变流量激励政策

在社群裂变过程中,各社群的群主是比拼活动的关键人物,活动裂变流量的效

果也与其存在直接关系。因此,对群主裂变流量的激励政策一定要到位。

下面,我们分享一套不错的福利社群群主裂变流量激励政策。

考核对象:所有福利群的群主。

监督人:各个战队队长。

统计人员:战队队长、负责人以及相关工作人员。

考核目标:第一阶段100个粉丝,第二个阶段200个粉丝。

考核方式:

A.1个群主最多可建3个群,每个群最多200个人,超过200个人可开新群。

B.所有群主需上传截图进行考核确认。

截图1:显示群总人数;截图2:显示前40名社群成员。

最高奖励:每人最高可获得300元。

奖励机制:

1.拉满100人的群主,邀请官方号进群,群内@官方号,前10名每人奖励200元。

2.拉满200人的群主,邀请官方号进群,群内@官方号,前5名每人奖励100元。

对于拉满200人的群主,颁发荣誉称号"社群裂变精英"。

激励时段:截至×月×日中午12点。

激励结果:群主每日向战队队长汇总活动群粉丝数量,活动结束后第1天公布统计结果,活动结束后第2天由战队队长进行奖励。

这套激励机制是目前非常主流的福利社群群主裂变流量激励机制,大多数企业、商家可以直接使用。

3.7.3 群主销售激励政策

社群运营团队的主要工作除了裂变流量外,当然还有销售转化,在各项活动开展过程中,群主的销售激励政策也可以大幅度带动团队的积极性。

下面,我们分享一套社群运营中群主销售激励政策。

考核对象:所有群主。

监督人:各个战队队长。

统计人员:战队队长、负责人以及相关工作人员。

考核目标:各个群主的销售额。

考核方式:

A. 根据所有群主的销量,在群内进行接龙,销量达到目标的群主可得到奖励。赠送旅行背包,并颁发荣誉称号"社群带货精英"。

B. 各团队群主总业绩前 5 名。

个人业绩第 1 名:×××

个人业绩第 2 名:×××

个人业绩第 3 名:×××

个人业绩第 4 名:×××

个人业绩第 5 名:×××

颁发荣誉称号"社群带货王"。

激励时段:× 月 × 日—× 月 × 日

激励结果:群主每日向团队队长汇总销售总额,活动结束后第 1 天公布统计结果,活动结束后第 2 天由战队队长进行奖励。

这套机制也可以被大多数企业、商家直接使用,并且这套机制与福利社群裂变流量激励政策可以组合运用，效果会更好。

3.7.4 经销商团队执行要求

在社群营销中，对于经销商团队的工作也要进行细化和明确。

例如，每个群主组建 1 个自己的福利社群，要求如下。

（1）团队队长在活动期间，配合公司做好群主的管理、监督和指导工作。

（2）群主在活动期间，配合公司的任务要求，每天打卡接龙汇报社群数据，做好社群互动。

（3）群主要熟悉产品，掌握产品销售要领。

（4）严格按照运营流程执行，中途放弃则视为自动弃权。

这套执行标准对于企业、商家而言属于基础框架型标准，企业、商家可以根据行业特点、社群属性进行框架之上的细化与完善。

3.7.5 流量冲刺与拉新订阅

社群运营、社群裂变最后的冲刺阶段大多体现在带货的直播间中，在活动进入冲刺阶段后，运营团队需要更加努力，在开播前的预热和拉新订阅方面丝毫不能放松。

例如，制定团队流量冲刺与拉新订阅策略如下。

（1）创始人、团队队长、供应商和品牌合作大 V 参与短视频录制，做活动动员演讲。

（2）开播前，连续 3 天在社群进行互动，抽奖、预热、拉新订阅。

（3）订阅冲刺奖励，每新增 1000 个订阅，社群就进行抽奖发放福利。

这一阶段的团队内部运营动作不仅可以再次提升活动效果，还可以确保在冲刺阶段中社群用户、粉丝保持较高的热情，在直播带货转化阶段再次提升效果。

> 学习笔记：
> 在内部团队中及时开展比拼活动，通过定指标、下任务的方式激励团队，营销效果才会更好。

第4章

直播时如何利用社群引爆流量

在"直播+社群营销"组合拳当中,最大的优势不在于两者之间配合的超高默契,而在于无论把哪一端作为这套系统的运营起点,终端都可以达到"1+1>2"的效果。如果说社群是1,直播是1,那么,直播引流社群,社群反哺直播,就是1+1=3、1+1=5、1+1=100……由此可见,新媒体时代是"直播"+"社群营销"一个都不能少的时代。

4.1 直播前社群活跃度运营技巧

作为企业、商家私域流量的主要阵地,社群是直播活动的流量起点。这种直播思维如今已经成了基本的自媒体运营思维,从头部大V到平台新手,只要具备了直播权限都会进行直播前预热,这一操作是确保直播效果的重要基础。

4.1.1 直播前如何提高社群活跃度

在"直播+社群营销"组合拳的运营系统中,社群运营相比其他流量通道所花费的成本更低,获得的收益却更高。在社群中进行直播预热,对直播活动的方方面面都有促进作用。

例如,如果企业、商家在开播前没有进行社群运营,那么账号粉丝、平台用户对直播活动就会缺乏具体的概念,直播过程中用户、粉丝留存的关键点决定于主播个人的魅力,一旦主播自身魅力不足,直播效果会大打折扣。

因此,直播前进行社群预热,提高社群活跃度十分关键。直播前的社群预热需要思考:高频率、多时段、集中火力塑造产品和吸引用户注意。

高频率是指有节奏、有策略地开展预热活动，但绝对不是广告式刷屏。社群内直播活动的预热要考虑时段，高频率配合多时段才能够获得更好的推广效果。

在直播活动预热过程中，产品形象、产品品质、高性价比都需要进行全面塑造，社群营销最忌产品毫无新意、毫无特色。如果产品没有卖点，社群属性就会向广告群偏移，企业、商家一定要及时规避这种情况。

另外，在产品塑造过程中，企业、商家要投入较大精力，火力不仅集中在产品形象、品质、性价比之上，还需要确保这些信息贯穿直播预热活动。活动开展之后，粉丝对产品有任何疑问都要第一时间回答，并且一定要结合直播内容。

直播预热的效果主要取决于用户、粉丝对直播的关注度。一场合格的直播预热活动需要大幅度引发社群粉丝的关注，而预热活动的吸引能力往往与企业、商家日常社群运营的经验有直接关系。

如图 4-1 所示，直播前提高社群整体活跃度可以分为 3 个方面。

图 4-1　直播前提高社群整体活跃度的 3 个方面

1. 直播预热

直播预热不仅是社群内的预热推广，更是一种氛围的营造。企业、商家需要在社群内营造出大型活动的氛围，并在多渠道进行宣传，比如在朋友圈、粉丝群进行全天高频率输出，让粉丝感觉活动的规模宏大，企业、商家重视度极高。

2.直播内容全面介绍

直播前不仅要对直播活动的概况进行宣传，还要对直播内容进行详细介绍，包括产品卖点、秒杀产品数量、具体秒杀价格、开播时间和主播个人介绍等。

很多企业、商家在直播预热时，容易忽视这类信息。但企业、商家要清楚，社群粉丝虽然拥有相同的需求方向，但具体的需求点却存在差异。

例如，某些社群粉丝更看重直播福利，看重产品的高性价比；而某些社群粉丝则更青睐主播本人，被主播的气质所吸引。如果企业、商家在直播内容的介绍上存在缺失，那么就无法取得预期的预热效果。

3.突出关键信息，吸引注意力

突出直播活动的关键信息，企业、商家首先需要根据直播活动的主题制定策略。

例如，以××品牌产品带货为主题的直播活动，就需要把关键信息设定在品牌产品的卖点之上，可以从高性价比、品牌知名度和活动福利出发，以此吸引粉丝的注意。

但如果以主播回馈粉丝为主题，则需要重点突出主播人设，同时突出活动福利，以此吸引更多粉丝，提高主播的人气。

直播前的社群预热不仅是自媒体平台流量的反哺，也是日常社群运营的效果检验。全面带动社群的活跃度既可以提升社群运营的效果，也可以有效引爆直播间的流量与氛围。

4.1.2 直播前如何设计社群运营脚本

社群运营的各种策略大多以脚本的形式呈现。对于直播活动前的社群预热而言，自然也是如此。直播活动当天社群运营脚本大纲如表4-1所示。社群运营脚本要具有系统性，应通过全套流程达到良好的直播引流效果。

表 4-1　直播活动当天社群运营脚本大纲

直播产品塑造（9:00-16:00）	对直播产品进行塑造，提醒粉丝订阅直播间。（产品卖点，产品优惠力度，开播时间）
直播倒计时 16:00-19:00	直播前 3 小时开始倒计时，每小时倒计时 1 次。
直播实时播报 19:00-22:00	根据直播情况，每隔 10 分钟在群和粉丝进行互动，引导粉丝进入直播间。
直播结束后反馈 22:00-24:00	直播结束后帮助用户解决困惑。（产品问题，下单问题，折扣问题）

从表 4-1 可以看出，社群预热对直播活动有全面的流量作用。秒杀、抽奖活动的文案一定要具有吸引力，可通过文案，尽量扩大直播间的引流效果。

1. 秒杀产品预告文案

以带货美妆产品的社群预热为例，秒杀产品预告文案可以这样设计。

标题：要做傲娇女人，没有几件"硬货"可不行！

内容：×××新红妍肌活精华露，一款超级好用的精华露！是×××的明星单品，补水保湿效果好，可以缓解暗沉肤色，紧致肌肤，直播间限时限量 3000 份秒杀，直播间最低价×××。

扫描下方海报二维码，订阅直播间。

需要注意的是，企业、商家在此类文案当中一定要提醒粉丝订阅直播间，虽然只是一个简单的操作，却可以保障直播间的种子用户数量。

2. 抽奖产品预告文案

同样以我们运营过的实际活动为例，抽奖产品的预告文案可以这样设计。

标题：直播间豪礼"1元秒杀"，不做买卖，只交朋友。

价值2499元的××冰箱1元抽奖秒杀，价值2199元的××手机1元抢购，邀请身边更多的朋友、闺蜜一起来抽大奖，让自己身边的朋友参与进来，中奖机会更大哦！

扫描下方海报二维码，订阅直播间。

学习笔记：

作为企业、商家私域流量的主要阵地，社群是直播活动的流量起点。

4.2 直播前如何做好策划才能提升裂变效果

直播活动开始之前，企业、商家需要制定一整套的粉丝裂变策略，从直播活动前的每一个准备活动出发，做好各项策划，最大限度地提升直播裂变效果。

就直播活动过程中的各个要点来看，企业、商家可以从海报设计、封面制作、环境布置、脚本撰写、流程策划、人员分配以及整个直播流程的把控上出发，认真分析每一项要点的作用，从而让直播带货效果更好。

4.2.1 如何设计直播活动裂变海报

直播海报是粉丝进入直播间之前对直播间产生第一印象的主要工具，因此海报的设计就决定了最终引流的多少。直播海报可以被视作"被动传播的工具"，在运营当中社群能否自裂变，就看海报能否快速、有效地传递信息，从而获取流量。

在裂变海报的设计过程中，有 5 个要素需要注意。

1. 抓住用户注意力

海报要有令人眼前一亮的吸引点，并且主题鲜明，可以紧抓用户的注意力。如

图 4-2 所示，此海报主图吸睛，主题内容明确、有吸引力。

图 4-2 海报设计需紧抓用户的注意力

2. 激发用户兴趣

海报抓住用户的注意力之后，想要引导用户继续关注企业、商家的活动且产生裂变效果，需要通过海报激发用户的兴趣。如图 4-3 所示，主题"美人计划"可以令大多数女性产生浓厚的兴趣。

图 4-3 "美人计划"主题激发用户兴趣

3. 建立信任

可以采用权威介绍的方式建立信任,如图 4-4 所示。海报中应突出介绍导师的权威性,从而增强用户、粉丝的信任感。

图 4-4 突出介绍导师的权威性

4. 刺激欲望

在信任的基础上,海报还要有刺激用户下单的效果,这方面可以通过一些小标题进行引导。如图 4-5 所示,护肤金句可以引导用户购买护肤产品。

图 4-5　护肤金句刺激用户护肤欲望

5. 催促行动

为了提升海报的裂变效果，在海报设计上还应体现一些有刺激性的字眼，比如限时、限量、免费、优惠、抽奖等，但更为重要的是一定要在海报上放置二维码。如图 4-6 所示，可以用抽奖活动催促用户及时行动，海报右上角或右下角为预留二维码位置。

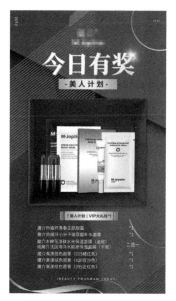

图 4-6　用抽奖活动催促用户加速行动

那么，就直播海报的设计而言，哪些基础元素可以提升海报的推广效果和传播价值呢？

1. 主题

直播活动必须有明确的主题。在海报设计过程中，企业、商家一定要明确海报要表达的主要思想和重点内容是什么，并且如何在第一时间表达清楚。有些商家认为主题明确无非就是从版面设计出发，将重点内容放在中心位置上，这样自然可以取得明确主题的效果。但事实上，主题的突出不仅要有画面带来的视觉冲击，文字的搭配和主播的形象、动作也都是海报主题设计的关键。

另外，在自媒体平台上直播活动的主题类型非常丰富，其中带货、宠粉两大主题的属性差别就非常大。带货主题的海报自然要突出产品，很多粉丝因为对主播的喜欢、信任才到直播间购物，所以产品与主播之间互相匹配就成了企业、商家需要思考的重点。企业、商家千万不能认为单刀直入就是主题突出的最佳方式，在产品推广领域，这种海报设计方式的确适用，但对于自媒体平台的直播海报而言，企业、商家就需要多思考社交性。

2. 风格

海报风格是直播活动的情感表达，一张海报传递的第一感觉是清新、可爱还是古典、优雅，这便是海报的风格体现。

直播海报的风格需要结合直播的特点与内容进行设定。首先，海报风格要与主播风格气质相符。主播为现代时尚女性，海报就可以采用现代时尚的简约风。这种海报风格可以使主播与海报融为一体，同时也可以在粉丝脑海里传递直播间的画面风格，从而达到吸引更多粉丝的目的。

3. 版面设计

由于海报的传播途径不同，所以在正常情况下，企业、商家都会根据推广渠道设定不同版面的海报，比如手机端的竖版海报、PC 端的横版海报以及纸质海报等。

但无论哪种版面的海报，内容的平衡感都十分重要，人物与产品之间的比例、文字字体的选择、主播的姿势等都需要系统地考虑。

我们通过上千次活动海报的设计，总结出了海报版面设计的一个关键点，这就是"对比感"，包括字体的粗细、大小对比，主播站位的远近对比，以及产品设计的虚实对比、摆放的高低对比等。有了"对比感"，吸睛效果才更加突出。

4. 海报色调

很多企业、商家认为调色是一项非常专业的工作，一般由团队的美工完成，但仅仅依靠美工一人的主观审美并不能把海报设计的色调调整到最佳状态。一般来说，海报色调主要有以下三种风格。

（1）突出主播个人形象的清爽颜色，可采用相同色相、不同明度的纯色进行调和。

（2）营造温暖氛围的颜色，可采用邻近色进行调和。

（3）营造火爆氛围的对比颜色，可采用多种色彩进行搭配，通过鲜明的颜色对比突出风格。

5. 场景设计

海报的场景设计不同于简单的背景选择，场景设计是在背景基础上进行的文字、图案、产品的整体融合。合格的海报场景可以确保内部元素丰富但不杂乱，元素众多但主题、中心突出。

6. 产品设计

产品设计对于海报的裂变效果至关重要。产品的品牌、型号、摆放的角度以及与海报融合的程度都决定着产品的吸引力，更决定着海报整体的裂变效果。因此，企业、商家更要结合以上 5 种元素，认真思考如何才能最大化展现产品优势，且又不会令海报成为硬广。

除了海报的基础设计元素以外，还要注意以下 5 种要领。通过这些要领企业、商家可以建立统一的用户认知。

（1）设计吸睛大标题。主标题：××品牌专场，副标题：××福利秒杀。

（2）打造主播IP。××品牌金牌导师/顾问，好物推荐官。

（3）明确直播福利。

① 省钱攻略，比如买×送×、买×减×等。

② 专业的知识分享。

③ 爆款推荐，比如返场爆款好物推荐、新品剧透等。

（4）预告直播时间。

（5）放置社群二维码、直播间二维码。

综合利用海报设计的各项要素，企业、商家才能够通过海报达到期望的引流效果，获得预期的裂变成绩。

4.2.2 如何创建直播活动封面更吸粉

如果说海报是直播平台外部的引流载体，那么直播间封面就是直播平台内部引流的载体。平台用户、主播粉丝在很大程度上会通过直播活动封面来评定直播活动的品质。

要想让直播活动封面产生更大的价值，需要从以下3个方面出发进行设计。

1. 画面清晰无文字

所谓画面清晰无文字，并非指画面背景上只有人物和产品，而是指除活动主题之外，无其他文字描述。

很多企业、商家设计直播活动海报时非常专业，取得的效果也十分突出，但这种设计理念和设计方法并不适合复制到直播活动封面设计上。直播活动海报上的文字描述主要起到突出价值和引导客户的作用，在直播封面上无须重复这些内容，反而要保持画面的整洁性，用更大版面来突出主播。

2. 贴合主题，简单易懂

贴合主题是指企业、商家的直播活动要贴合平台活动的主题。以天猫"618"活动为例，如果这时企业、商家选择一些人气增长类的活动，而并非带货类的活动，不仅粉丝不会进入直播间，甚至无法通过平台活动的审核。

另外，活动标题要简单易懂，因为字数有限制，所以要用最简短的话语突出重点。

3. 符合平台调性

符合平台调性是指直播活动封面要和平台调性相契合，并根据参加的活动适当进行调整。

4.2.3 直播间环境如何进行标准化设计

直播间场景的选择十分丰富，不同场景对应不同的直播环境。企业、商家千万不要认为直播间就是简单的"背景 + 主播 + 运营团队"的组合，相同房间内可以打造出不同的环境效果。直播间环境设计应有标准化的规范，如图4-7所示。

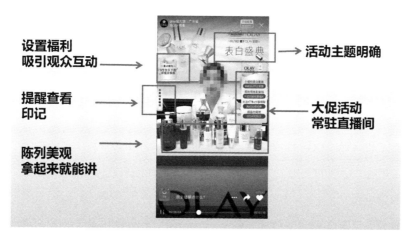

图4-7 直播间环境设计标准化规范

从粉丝的角度来讲，直播间环境要体现出主题、福利、产品、促销活动提示等要素。其中活动主题一定要明确，让粉丝可以在第一时间了解到本次活动的主要信息。

想要在直播间中留存更多粉丝，提炼更多优质用户，并引发裂变，就需要把直播间打造得和实体店一样，有品质、够时尚。

另外，直播间的福利也要突出。福利作为吸引粉丝、留存粉丝的有利因素，要设定在醒目位置。

直播大促活动也是一种可以媲美粉丝福利的引流渠道，大促活动的丰富程度决定着粉丝的消费力度。多样化的大促活动对直播带货和粉丝裂变都有良好的引导作用。

在产品陈列方面，无论色彩搭配还是物品摆放，都要有美感。如果陈列出现问题，产品品质和调性都会受到影响。

除了以上几点直播间环境的标准化规范，直播间场景的合理运用也十分重要。

目前，大多数直播活动都在室内，但这并不代表空间上就会存在限制。对于一些需要大量展示产品的直播活动而言，背景墙和前景桌都可以进行有效运用。虽然从粉丝的角度来看直播间的空间有限，但对企业、商家而言，只要合理运用，就可以满足各种带货需求。

除了场景设计，直播环境还受硬件设施的影响。

1. 补光灯

直播间的灯光不仅影响着粉丝观看直播的效果，还关系到主播的颜值呈现。只有在光线充足、合理的前提下，美颜相机才能够发挥最大效果。

2. 收音设备

目前很多自媒体平台主播都配备了声卡设备，专业的收音设备可以美化主播声音，保障直播效果。

3. 网络信号

直播间的稳定性主要取决于网络信号的强弱，如果网络信号出现波动，那么直播间中的各种活动就很难顺利开展，直播环境设置得再到位，效果也必将大打折扣。

4.2.4 直播脚本设计

正常情况下一场合格的直播活动至少要持续 3 个小时以上，如果没有提前准备好直播脚本，仅依靠主播的临场发挥，那直播过程中难免会出现各种意外。社群运营、直播带货都需要提前准备好详细的活动脚本以及各种意外情况的应对策略，在脚本的支撑下，直播活动的节奏才能够得到有效把控。

设计直播脚本时以下 3 个关键点。

1. 控制直播时长

之所以说直播需要保持在 3 个小时以上，是因为我们在上千场直播活动的运营当中发现，对于直播间人气累加而言，3～3.5 个小时的时长可以获得最佳直播效果。

当然，这是指在各大自媒体平台的流量高峰时段。在 3～3.5 个小时的直播时长中，企业、商家的产品可以得到充分展示，而且主播设定的各种活动也可以得到有效开展。对于主播自身来说，与粉丝的互动也可以有效进行，直播间的氛围也可以有效带动。

2. 掌控直播节奏

在一场合格的直播带货活动中，主播不能全程推荐产品，也不能因与粉丝互动而忽视了产品的塑造，直播节奏的掌控需要在脚本设计阶段就做好准备。

一般情况下，主播应该用 10 分钟塑造一款产品：5 分钟演示产品，3 分钟互动，2 分钟踢单①，并在 20 分钟的时间内有效完成一款产品的引导转化。这样的流程可以确保粉丝全面了解产品信息，明确产品使用效果，同时又可以与主播保持互动，并在主播的引导下完成购买动作。节奏把控得顺畅，粉丝购物体验才舒服，在这种状态下，直播带货的效果才能够达到预期值。

---

① 踢单是指业务订单的跟进。

3. 有头有尾

直播活动是一场主播引导为主、粉丝跟随为辅的社交商业活动，所以要带给粉丝一种完整、舒适的感觉。

大多数直播活动开播时，主播会第一时间介绍活动福利，带动直播间的氛围，之后才是有策略地推广产品。在完成产品推广之后，主播在直播结束时还需要做一件重要的事，就是和粉丝约定下一场直播活动的时间，让粉丝感到主播十分在意自己。

虽然只是一个简单的环节，但在直播脚本设定过程中千万不能忽视它，因为这一环节决定着直播活动的体验，也决定着下一场直播活动基础流量的大小。

4.2.5 直播活动流程设计

在直播脚本设计过程中，直播活动的具体流程是整个活动设计的重中之重。一场成功的直播活动不仅要确保直播内容的全面展示，还要在不同的时间点通过不同的方式带动直播间内粉丝的情绪。

1. 开场活动

开场活动的主要表现方式为人数满××送××礼物，或者人数满××进行抽奖活动。这类活动可以起到活跃氛围的作用，而且还能引发裂变。

在这类活动开展的过程中，主播要通过各种语言引导技巧及时控制活动的节奏与效果。

例如，如果直播前我们设定了人数满800送××福利，但开播一段时间后人数上涨节奏达不到我们的预期，只有500人左右，这时主播就要及时调整活动策略，将满800人送××福利改为满600人送××福利，否则粉丝会感觉活动开展无望，放弃主动裂变，甚至造成直播间流量的流失。

2. 整点抽奖活动

直播活动时长既然维持在3个小时以上，那么整点抽奖活动就是阶段性调动粉丝情绪的重要一环。当然，整点抽奖活动也需要讲究一定的策略，这项活动要在开播时及时告知粉丝，并在互动中随整点时间的接近不断提示粉丝，这种方法可以确保粉丝在直播间内的留存时长。

3. 问答抽奖活动

问答抽奖活动开展的主要目的不仅是留存粉丝，同时还可以提升与粉丝的互动以及粉丝对直播间的关注。

问答抽奖活动的方式也有很多，例如，在直播间内提前设定好问题，在回答问题正确的粉丝中进行抽奖。

另外，如果主播时间允许，可以采用直播提问和粉丝回答的方式进行互动抽奖。这种抽奖方式有利于提升粉丝的活跃性，但为了确保直播带货不受影响，这类问答抽奖活动要根据主播的时间适当开展。

4. 限时秒杀活动

限时秒杀活动是目前最常见的直播间活动之一，这类活动对粉丝情绪的带动最为突出。

企业、商家开展这类活动时，需要有一定的选品技巧，产品自身的吸引力决定着直播间内粉丝的积极性。在这里我们提醒企业、商家，秒杀产品建议选择季节性的爆款产品，进行限量秒杀，而不是选择自己推广的主打产品。

当然，如果企业、商家的主打产品人气较高，也可以开展限时秒杀活动；如果仅仅是性价比高，但需求性不强，则不建议通过这类产品带动粉丝的情绪。

限时秒杀活动一般在直播活动中间时段开展，因为粉丝经过一个多小时观看后活跃度已经有所下降了，直播间整体的氛围缺乏活性，这时通过有吸引力的限时秒杀活动可以瞬间拉高直播间的人气。

5. 神秘黑盒

神秘黑盒是基于粉丝好奇心开展的直播间引导活动。这类活动可通过福袋、产品搭配、一口定价、开袋有惊喜、盲拍等形式开展。只要有足够的神秘感，粉丝的兴趣就可以被充分带动。

4.2.6 直播人员的设计

一场成功的直播带货活动需要合格的运营团队进行支撑，否则主播要分出大量精力去处理其他事宜，直播效果就无法得到保障。

一般来说，直播团队应包括以下人员。

场上人员：主播、副播、助播。

场下人员：造势人员和客服。

这些工作人员的职责也十分清晰。

主播：负责介绍公司和产品，统筹全场。

副播：负责带动气氛、介绍促销活动，以及提醒抽奖节点和卖点。

助播：负责数据运营、场外监控、数据跟踪、复盘优化、画外音互动。

造势人员：负责通过文字带动直播间氛围，引出产品卖点让主播回答。

客服：负责抽奖登记，回复粉丝关于产品的问题。

以上只是直播过程中需要参与工作的团队人员，事实上在"直播 + 社群营销"组合拳当中，所需的运营团队会更为庞大。

下面我们对直播活动的参与人员进行详细讲解。

1. 主播

作为公司形象代表的主播也是直播互动的核心人物，主播在直播过程中通过语言技巧介绍产品，同时还要有统筹全场互动节奏的能力。主播需要时刻明确自己的职责范围，活动的目的是带货，方式是引导粉丝，千万不要因为一些特殊情况而忽视了自己的主要职责，时刻把握好自己的节奏，直播才能顺利开展。

2. 副播

副播虽然和主播同时出境，但绝对不能有抢镜行为，副播最大的作用是协助主播，作为主播与粉丝之间的传送带，给主播传播有效信息，同时及时处理一些不利信息。

例如，副播可以在粉丝的娱乐信息中"带头起哄"，善意调侃主播，但绝对不能对质疑主播的言论表示屈从，进而为难主播。同时，副播还要在主播精力不足时进行各种活动项目的提醒。

3. 助播

助播在直播活动过程中的作用也十分重要，虽然助播不出镜，但却是正常直播活动关键数据的把控人员。根据数据变化，助播要及时提醒主播进行策略调整，同时根据数据跟踪，助播也可以对直播活动进行复盘优化。

4. 造势人员

负责造势的工作人员要根据直播间粉丝的情绪进行各种造势策略的实施，主要方式是通过文字引导粉丝对产品的兴趣，并且在直播过程中积极与主播互动，带动直播间的整体氛围。

5. 客服

客服的主要作用在于解答粉丝的疑问以及登记直播过程中的活动，虽然看似工作简单，但需要投入大量精力，且精力需要保持高度集中。如果客服工作不到位，则会影响粉丝的直播体验。

4.2.7 直播全流程策划模板

我们通过上千场直播活动总结出了多种标准化的流程策划模板，下面将一个系统且全面的案例模板分享给大家。如表4-2所示，从开播前倒计时到直播结束的社群引导，模板流程全面且详细。

表 4-2 直播流程策划模板

直播倒计时 + 暖场音乐			
环节流程	产品卖点	促销技巧	注意事项
环节1：开场白（19:00-19:05）			
1. 主播自我介绍 2. 今日直播主题 3. 直播开场送福利活动 4. 今日直播福利描述，塑造礼品价值 5. 提醒粉丝订阅、转发主播的直播活动	无	无	直播前设置： 1. 设置直播管理员，发布互动签到信息 2. 设置直播间公告，提醒用户订阅、转发直播活动 3. 同步转发到社群，引导社群粉丝进入直播间
环节2：1元秒杀活动（19:05-19:10）			
1. 讲解秒杀活动产品，展示产品包装，主播使用示范（5分钟） 2. 提醒用户订阅，引导用户邀请家人、朋友进入直播间，帮助用户参加秒杀活动（2分钟）	对产品特点和产品优势进行详细描述，至少3点以上	对产品形象进行塑造，强调福利的价值，并突出适用人群。之后描述秒杀活动流程： 1. 说明产品市场价格 2. 强调秒杀价格1元 3. 引导粉丝在直播间打"666"，带动活动氛围	1. 主播在秒杀活动开展之前可以进行本轮秒杀产品的简单介绍，在秒杀活动进入倒计时阶段之前，可对带货产品进行简单介绍，确保后续带货的顺利开展 2. 提醒用户订阅直播，并邀请身边好友参与直播活动 3. 工作人员开始截图并在福利群中发通知，引导更多社群粉丝进入直播间
秒杀活动开始			主播倒计时：3、2、1

（续）

环节流程	产品卖点	促销技巧	注意事项
环节3：200套带货产品秒杀活动（19:10-19:20）			
1.讲解带货产品，主播亲自试用 2.提醒用户订阅直播，邀请身边好友参与直播互动，讲明人多抢到的概率更大	对产品特点和产品优势进行详细描述，至少3点以上，越多越详细越好	产品适用范围： 1.天时，即季节/事件 2.地利，即地域/地点 3.人和，即需求 主播引导： 1.说明产品市场价格 2.强调秒杀价格1元 3.引导粉丝在直播间打"666"，带动活动氛围	1.主播在秒杀活动开展之前可以进行本轮秒杀产品的简单介绍，在秒杀活动进入倒计时阶段之前，可对带货产品进行简单介绍，确保后续带货的顺利开展 2.提醒用户订阅直播，并邀请身边好友参与直播活动 3.工作人员开始截图并在福利群中发通知，引导更多社群粉丝进入直播间
秒杀活动开始（3分钟）			主播倒计时：3、2、1
环节4：上轮限量秒杀产品的初心故事（19:20-19:30）			
通过故事分享塑造产品品牌形象： 1.品牌文化 2.产品口碑分享 3.品牌发展方向和服务理念	主播用话术进行引导，带动粉丝情绪		管理员带动氛围，引导粉丝进行互动

（续）

环节流程	产品卖点	促销技巧	注意事项
环节5：大牌产品限量抽奖活动（19：30-19：40）			
1. 品牌与产品讲解（5分钟） 2. 提醒用户订阅直播，邀请身边好友参与直播互动，讲明人多抢到的概率更大 3. 引导粉丝裂变，提示直播间人气达到××开展抽奖活动	品牌价值描述	话术引导： 1. 当下火爆程度描述 2. 产品优势 3. 现场试用，描述效果	1. 主播在秒杀活动开展之前可以进行本轮秒杀产品的简单介绍，在秒杀活动进入倒计时阶段之前，可对带货产品进行简单介绍，确保后续带货的顺利开展 2. 提醒用户订阅直播，并邀请身边好友参与直播活动 3. 工作人员开始截图并在福利群中发通知，引导更多社群粉丝进入直播间
大牌产品抽奖活动开始（3分钟）			主播倒计时：3、2、1
环节6：200套带货产品秒杀活动（19：40-19：50）			
1. 讲解产品用途 2. 提醒用户订阅直播，并邀请身边好友参与直播互动，讲明人多抢到的概率更大 3. 引导粉丝裂变，提示直播间人气达到××开展抽奖活动		主播现场演示试用流程，描述自身体验效果 主播引导： 1. 说明产品市场价格 2. 强调秒杀价格1元 3. 引导粉丝在直播间打"666"，带动活动氛围	1. 主播在秒杀活动开展之前可以进行本轮秒杀产品的简单介绍，在秒杀活动进入倒计时阶段之前，可对带货产品进行简单介绍，确保后续带货的顺利开展 2. 提醒用户订阅直播，并邀请身边好友参与直播活动 3. 工作人员开始截图并在福利群中发通知，引导更多社群粉丝进入直播间
秒杀活动开始（3分钟）			主播倒计时：3、2、1
中间省略若干类似环节			

（续）

环节流程	产品卖点	促销技巧	注意事项
环节16：以体验装为由，突出产品价格优势，29.9元带货产品（21:30—21:40）			
1. 产品包装描述 2. 现场试用，描述感受 3. 产品核心卖点介绍 4. 介绍会员礼包权益，可以先讲重要的3点	产品市场价格描述 宠粉福利1：免费获得社群课程 宠粉福利2：免费进行相关的技术指导和服务	1. 原价××元，现价29.9元 2. 加赠××礼品，价值××元 3. 升级VIP，享受权益介绍： （1）专属会员社群，专属客服服务 （2）免费学习专业课程 （3）本活动限时购买，且需要加入社群之后才能购买引导粉丝下单	新品种草： 1. 产品外观展示，现场试用，做示范 2. 竞品（品类）对比，突出产品1~2个核心卖点（不要超过3个） 3. 产品试用效果描述注意用词不可违规
29.9元秒杀活动开始			主播倒计时：3、2、1

（续）

环节流程	产品卖点	促销技巧	注意事项
环节17：黄金首饰抽奖活动（21:40-21:50）			
1. 讲解产品价值 2. 提醒用户订阅直播，并邀请身边好友参与直播互动，讲明人多抢到的概率更大 3. 引导粉丝裂变，提示直播间人气达到××开展抽奖活动	产品卖点简述	1. 说明产品市场价格 2. 强调秒杀价格0元 3. 引导粉丝在直播间打"666"，带动活动氛围	1. 主播在秒杀活动开展之前可以进行本轮秒杀产品的简单介绍，在秒杀活动进入倒计时阶段之前，可对带货产品进行简单介绍，确保后续带货的顺利开展 2. 提醒用户订阅直播，并邀请身边好友参与直播活动 3. 工作人员开始截图并在福利群中发通知，引导更多社群粉丝进入直播间
黄金首饰秒杀活动开始			主播倒计时：3、2、1
直播活动结束： 1. 主播引导直播间粉丝联系社群群主入群 2. 引导粉丝购买会员，欢迎种子用户加入会员社群			

表4-2中展示的直播流程策划模板适用于大多数直播带货活动，企业、商家可以根据带货产品的属性适当调整内容，希望此模板可以帮助更多朋友获利。

> 学习笔记：
> 活动策划和裂变策略是提升直播裂变的重要基础，且产生的裂变效果和带货效果远超我们的想象。

4.3 直播与社群双向互动与导流策略

在"直播+社群营销"组合拳当中,直播既是社群引流的窗口,又是社群转化的渠道;而社群既是增强粉丝归属感的工具,又是沉淀直播间粉丝的渠道。两者相辅相成,堪称新媒体时代的电商最佳搭档。

在直播带货过程中,社群依然可以配合直播实现流量的双向激增,而且对直播效果也有良好的促进作用。

4.3.1 社群如何配合直播间预热

前面我们提到社群预热是直播开播时流量的重要保障,下面我们详细介绍。

1. 私域流量是直播开播时的基础流量

一般来说,企业、商家的直播开播时平台并不会给予大量的流量扶持,因为平台对直播间的流量扶持主要针对两种类型:一种是等级较高的主播,另一种是氛围火爆的直播间。

对于处于发展状态的企业、商家来说,官方平台的流量很难在开播后第一时间导入。主播开播后,从官方平台进入直播间的用户大多属于路人粉,这类粉丝的留存很大程度取决于其他粉丝的反应。如果主播开播后,直播间只有寥寥无几的粉丝,路人粉进入后也会感觉氛围冷淡,便会转身离开了。

所以,社群运营的私域流量就是直播间重要的初始流量。

2. 社群预热可以提升直播间粉丝的留存时长

社群预热活动的主要内容之一,是直播活动流程的介绍,其中包括每一个阶段的福利活动。有了福利活动的引导,社群粉丝在直播间的留存时长才有保障。

例如,一场直播活动设定在 3 个小时左右,如果主播设定 6 个福利环节,而一个福利环节的时长为 10 分钟,那么粉丝只需要等待 20 分钟就可以进入下一个福利环节。有了这种直播活动节奏的引导,大多数社群粉丝愿意跟随主播在直播间留存 2 个小时以上。

当直播间有了基础的留存粉丝之后,主播就可以通过与这些粉丝的互动带动直播间的氛围,从而再从平台中引入更多流量。

如果我们经常关注平台头部大 V 的直播活动,就会发现在其直播活动中有很多相同的身影,这些用户不仅与主播互动,还会与其他粉丝互动,从而活跃直播氛围。

更重要的是,这一粉丝群体并不是大 V 的运营团队人员,而是社群会员。由此可见,社群运营对于直播引流和粉丝留存有很大的促进作用。

3. 社群粉丝会在直播间内主动裂变

我们讲过在直播活动过程中,企业、商家要及时提醒粉丝各个福利活动,邀请家人、朋友进入直播间,领取福利的概率会更大,这种引导就是粉丝裂变的起点。

对于社群粉丝而言,这类引导非常有必要。因为社群粉丝在开播之前就已经清楚了解了直播过程中福利环节的内容,对于心仪的福利,粉丝自然会邀请更多家人、朋友帮忙领取。

另外,随着裂变效果的产生,直播间的粉丝开始倍增,这时就是主播将直播间粉丝向社群沉淀的关键阶段。主播通过话术引导，突出社群粉丝的优势，直播间粉丝也会对主播产生后续关注，自然容易被沉淀到社群当中了。

4.3.2 社群与直播双向互动执行流程

既然"直播 + 社群营销"是一种双向引流的组合，那么各种活动在两者之间便可以同步开展，而这就需要企业、商家拥有一套社群和直播双向互动执行流程，如图 4-8 所示。

图 4-8　社群与直播双向互动执行流程

1. 双向预热

所谓双向预热，是指开展活动之前需要在社群、自媒体平台上同步开展预热活动。在"直播 + 社群营销"组合拳中，大多数活动以直播为主，所以预热活动需要采用不同的策略。

在社群当中，企业、商家要详细介绍直播活动的流程、内容、福利信息以及直播主题等；而在自媒体平台上，企业、商家则需要用短视频的方式对活动进行提前的告知。由于短视频的时长限制，直播活动的展示无法像在社群那样全面、详细，不过企业、商家可以通过直播活动的主题与福利作为吸引点进行引流。

2. 双向裂变

在直播活动过程中，主播要引导粉丝进行双向裂变。

例如，主播可以利用福利引导社群粉丝进行裂变，邀请更多的身边人进入直播间，关注主播。同时，主播又可以通过突出社群粉丝优势的方法引导直播间的粉丝向社群沉淀，这种方式在各种直播活动中都比较常见。只要企业、商家的福利环节设置到位，再通过主播巧妙地引导、提醒，直播活动就可以实现自媒体账号与社群的同步涨粉。

3. 双向维护

想要实现社群与直播的高效互动，更多还要依靠企业、商家的日常运营维护。对于社群中粉丝的维护方式，我们已经明确了多次，通过系统的运营不断提升粉丝的忠诚度，以及社群的活跃度，将更多社群用户转变为企业、商家的忠实粉丝。

而在直播平台上对于粉丝的维护，主要表现为制作宠粉类短视频，充分展示主播为粉丝谋取的福利。目前这类短视频在各大自媒体平台都十分常见。例如，粉丝结婚，主播带领其他粉丝一起祝贺的短视频；又或者粉丝过生日时，主播展示才艺祝福的短视频。这些宠粉内容的展示，可以引导平台粉丝向私域流量转化。

有了双向的维护，社群与直播之间的互动才能够更高效。

> 学习笔记：
> 直播既是社群引流的窗口，又是社群转化的渠道；而社群既是增强粉丝归属感的工具，又是沉淀直播间粉丝的渠道。

4.4 直播与社群通用的破冰五法

在"直播+社群营销"组合拳当中,虽然平台不同,运营技巧也存在诸多差异,但两者的运营主体相同,相互之间也有很多共通之处。例如,在破冰话术方面,就有直播与社群通用的破冰五法,如图4-9所示。

图 4-9 直播与社群通用的话术破冰五法

4.4.1 悬疑数字破冰法

悬疑数字破冰法的主要逻辑是在与用户沟通的过程中制造悬疑数字,通过数字背后的关键信息引起用户的好奇。用户在好奇心的驱使下可跟随我们的引导,进而产生高效互动。

悬疑数字破冰法可以分为以下 3 个方面。

1. 我是谁

与用户沟通的第一要点是要向用户明确身份，进行亲切、简单的自我介绍，表明自己的立场与职业。

这种表达并非简单的礼貌介绍，更重要的是为了帮助用户第一时间从我们的职业、职位当中关联到自身需求，同时对我们的专业素养产生基本信任。

例如，嗨，您好，我是××摄影顾问琪琪。

再如，嗨，您好，我是翡翠鉴定师，赖老师。

第一时间让用户明确我们的身份、立场是后续引导话术的重要基础。

2. 我可以为您做的事情

向用户明确了自身信息之后，还要及时明确身份的作用，以及具体的优势。企业、商家的运营人员在这一过程中需要第一时间将这类信息描述清楚，千万不要浪费大量时间去突出身份的高度。

例如，我可以帮您挑选适合您气质的写真风格，非常荣幸认识您。

再如，我可以帮您鉴定货品，也可以帮您找到性价比高的美玉。

这些突出自身作用、明确自身优势的话术不仅可以拉近与用户之间的距离，也可以令用户对我们产生基本的依赖感。

不过有些企业、商家的运营人员喜欢在这一阶段描述自己的从业经历、从业经验，以此抬高身份，期望用户可以产生更强烈的信任感。

例如，我从事这一行业超过 10 年时间了，曾担任过××明星团队的摄影指导。

再如，我拥有 15 年的翡翠鉴定经验，曾担任过××鉴宝活动鉴宝老师。

这类描述在与用户初次互动过程中并不能为企业、商家的运营团队带来明显的优势，反而会令用户对我们的身份、经验产生怀疑。这类话术适合在与用户建立了一定信任基础且用户对企业、商家有了一定了解基础上，进行信任感的后续提升时使用。

3. 我全面照顾您的感受

沟通话术在情感营造方面的作用十分重要，在与客户沟通过程中不仅要营造亲近感，还要营造体贴的温柔感。这种方式在话术上表现为"我不仅对您有作用，而且深度照顾您的感受"。

有了这些细腻情感的帮助，企业、商家的运营者才能够第一时间与用户产生紧密连接，从而进行后续引导。

例如，这是我第一次和您打招呼，担心您忙，为了不占用您太多时间，我就直接为您讲解下拍摄写真的3个关键点，您对这些关键点了解过吗？

再如，这是我第一次和您打招呼，担心您忙，为了不占用您的太多时间，我就直接为您讲解下翡翠鉴定的3个关键点，您对这些关键点了解过吗？

在这套流程当中，最能够引起用户好奇的点是信息中的数字，这些数字背后的内容是用户好奇心引导的关键。不过数字的选择应该控制在"3"以内，数字太大则会导致用户感觉内容太过复杂而放弃探求的欲望。

4.4.2 赞美破冰法

对用户的赞美是沟通破冰的有效工具，企业、商家在与用户沟通时，第一时间给予用户足够的赞美可以迅速消除彼此之间的陌生感，并减弱用户防备心理下的抵触意识。

赞美破冰法可以分为以下两种形式。

1. 直接赞美 + 自我介绍 + 提问

直接赞美大多是对用户的选择、眼光、品位等给予认同和称赞。

直接赞美之后，企业、商家的运营人员要及时自我介绍，通过身份描述和用户需求建立联系，利用这种方式令用户产生信任感与亲近感。

后续的提问是对用户需求的深度挖掘，虽然是礼貌性的问候，但却可以引导用户迅速进入商业主题当中。

例如，很高兴为重视口腔健康的您提供服务，我是××口腔医院客服××，您是需要牙齿美白还是牙齿矫正呢？

2. 自我介绍＋机构权威＋赞美＋提问

相比上一种赞美沟通方式，这一类赞美沟通适用于对我们有一定信任基础的用户，正如前面我们在悬疑数字破冰法中讲到的一样，企业、商家的资质最好运用在有信任基础的用户之上，避免用户对企业、商家的身份和专业度产生怀疑。

例如，您好，我是××医院的口腔医生××，我们医院在口腔健康领域配备了专业的医学博士团队，为您的健康提供最大的保障。您对口腔健康意识的重视意识非常可贵，看您需要哪方面的帮助，我们一定令您满意。

对于以上两种赞美破冰法，企业、商家可以根据各自的特点选择使用。

4.4.3 诊断破冰法

诊断破冰法是引导用户表达需求方向的话术，诊断方向并非单纯针对用户自身需求的引导，而是系统性的话术策略。

对企业、商家而言，使用诊断破冰时不能直接询问用户的需求是什么，而是将自身优势和用户的需求结合起来。正确的方式应为在询问用户需求之前介绍自身优势，在用户心中营造良好的形象，令其对企业、商家产生最基本的信任，相信企业、商家可以满足自己的需求。

这种方式主要体现为：品牌分类＋免费试用＋用户需求问询（提问方式）。

其中，品牌分类的作用是为了突出品牌的全面性，引导用户思维，告诉用户我们可以全面地满足他的需求。

免费试用则是一种福利推广，可拉近彼此的距离，继续引导后续的话题。

用户需求问询是通过提问的方式明确用户需求，再根据前面的描述满足用户需求。

例如，亲，您好，欢迎您的关注。我们品牌款式众多，朋友圈里有详细分类，您可以随便阅览，其中包括a牌、b牌、c牌，以及××同款等，您可以将喜欢的款式告知我们，我们会第一时间发试用品，可免费试用一周时间。

再如，这类产品您平时喜欢用什么品牌？之前您喜欢从哪些平台购买这些产品呢？我们会根据您的习惯推荐最适合您的产品。

4.4.4 用途破冰法

所谓用途破冰法，不是通过产品用途的展示引导用户沟通，而是针对用户购买的用途进行沟通的话术。这种话术沟通是将用户心理、沟通技巧以及用户需求三方面结合在一起产生的破冰方法，但话术起点大多是用户购买产品的主要用途。

例如，您好，您是为先生购买××产品吗？

再如，您好，您是为家人购买××产品吗？

又如，您好，这款产品您是用来家具装饰还是送亲友呢？

这些购买需求的问询便于企业、商家进行后续话题的沟通。

另外，购买需求的问询不仅局限在购买用途之上，使用场景、使用对象都是引导的主要方向。

4.4.5 直接破冰法

对于一些需求明显的用户而言，简单直白的破冰方法反而可以取得更好的沟通效果。尤其是对于一些已经与企业、商家产生过初步沟通，后续需要更换运营人员的用户而言，为了不影响用户的沟通交流体验，避免一些烦琐、重复的信息交流，直接破冰法可以使话题更顺利地进行下去。

例如，您好，我是×××品牌的客服×××，我们看到您希望寻找一款××产品是吧，现在马上为您推荐几款适合您的产品。

再如，您好，我是×××老师，我们的同事说您有一些××领域的专业问题要咨询，很高兴为您服务。

这类"自我介绍＋记忆唤醒＋继续引导提问"的方式可以简化很多无用信息，从而更为直接地引导用户继续交流。

以上5种破冰话术便是直播与社群通用的话术，不过在这里我们要提醒大家，互联网平台上的沟通最好以文字＋图片为主，语音沟通的方式并非首选。

学习笔记：

话术不是营销工具，而是商业人士必备的商业能力。一言可以破冰，一言价值千金。

4.5 直播与社群通用的爆款文案公式

在"直播 + 社群营销"组合拳当中,除了话术技巧、团队配置等因素之外,文案设计对于提升直播成绩和优化社群运营而言也有重要的作用。一篇独具吸引力的文案,可以通过简单的文字描述,产生巨大的引流效果,为活动开展打下良好的基础。

同时,如果主播自身拥有独特的气质,也需要搭配相应的文案,如此才能完善主播的人设。所以说,文案是"直播 + 社群营销"组合拳中不可或缺的重要组成部分,是企业、商家不可忽视的设计要点。

如图 4-10 所示,文案可以从引起共鸣、引发好奇、引起互动、表达鼓励、干货输出和结合热点 6 个方面进行编撰,在这其中也有经典的文案公式。

图 4-10 爆款文案的 6 种类型

4.5.1 引起共鸣的爆款文案公式

引起共鸣的爆款文案公式为：爆款文案 = 人物 + 状态 + 情感宣泄，这类文案大多都具有一个共同的特点，即"扎心"。用户看到后会认同，粉丝看到后会赞扬，大众看到后会引发联想。这就是引起共鸣的爆款文案的主要特点。

可以从以下 3 方面出发撰写此类文案。

1. 价值观

只要文案在价值观上获得了用户、粉丝的认同，就很容易引发共鸣。

例如，抖音上有很多在汽车领域内说车的主播，这些主播在直播、社群运营过程中，表达的一些价值观很容易引发粉丝的共鸣。虽然大多数粉丝都只拥有一辆车，但对于主播对其他车型的观点依然表达了认同，并不断提升自己对主播的信任度，这就是价值观共鸣带来的效果。

在价值观类文案编撰过程中，观点大多也是话题的痛点，并且是大众认同的痛点，只有痛点被重点突出，引起共鸣的效果才能够突出。

2. 情感

大多数女性用户都有细腻的情感，这种情感特性决定了其很容易被文案的细节打动，从而产生共鸣。套用我们前面提到的引起共鸣的文案公式进行举例：为什么我这么努力，也改变不了我们的关系？

这类文案不仅有很强的代入感，还可以表达细腻的感情，更重要的是引起用户、粉丝的联想，那些类似的过往会再次出现在眼前，这种状态就可以令用户、粉丝与企业、商家产生深度连接。

3. 情绪

情绪类共鸣文案主要针对标题的设定，尤其在一些正能量的传播、负能量的批判之上，一个到位的标题就可以带动上千用户的情绪。

例如，在抖音上有一个视频，内容是帮助街边的流浪者，其文案是"你本一贫如洗，却依旧善良如初",这样文案软化了上千人的情绪,这种文案可以提升主播的形象。

这类文案的编撰不仅可以引流,还可以帮助主播制造更多互动话题,引发与用户、粉丝之间的深度互动。相比其他文案类型而言,这类文案更受欢迎。

4.5.2 引发好奇的爆款文案公式

相比引起共鸣的文案,引发好奇的文案效果更加突出,但后续需要使用户、粉丝的好奇心得到充分的满足,不能产生太大的落差,否则用户会对主播、社群产生反感。

引发好奇的爆款文案公式为:款爆文案 = 描述事件或观点 + 留出悬念。

将事件的描述或观点的表达作为悬念的基础,进而通过一个悬念引发用户的深入联想。

例如,前天在海里找到一艘沉船,费了九牛二虎之力终于打开了船舱,没想到里面竟然……

这类文案引流效果非常好,在好奇心的驱使下很多用户、粉丝会点击观看详细内容。对于企业、商家而言,这类文案的编撰需要整体策划,结果千万不能令用户、粉丝失望。

4.5.3 引起互动的爆款文案公式

互动型文案大多针对话题进行,此类爆款文案的公式为:款爆文案 = 主体 + 情景 + 提问。

例如:如果你的女友称身边的男生是男闺蜜,你会同意吗?

增强文案的互动性可以从以下两个方面思考。

1. 文案的对话性

文案的对话性是指要把用户、粉丝引入其中,自问自答的文案很难有良好的互动性。提问式文案就是一种良好的对话文案，这类文案很容易引发用户、粉丝的回复。

对话性文案要有针对性，否则很难引到产品推广之上。企业、商家可以根据产品的价格、效果、外观等因素进行设计。

例如，大家认为这款产品定价多少可以成为爆款呢？

这类文案可以决定新品的销量，只要企业、商家的运营团队把价格控制在合理范围内，产品的价值就可以得到有效转化。

2. 引发用户、粉丝的反驳

互动型文案大多话题十分明确，无论正向观点还是反向观点，只要观点明确，用户、粉丝互动的欲望就可以被调动。

例如，目前各大自媒体平台中都流行一种娱乐性的抬杠文案，这类文案大多表达了少数的错误观点，或者错误认知，用户、粉丝看到之后很容易留言反驳，而这正是企业、商家的目的。

4.5.4 表达鼓励的爆款文案公式

表达鼓励的文案是针对用户、粉丝某种不自信的心理进行鼓励、引导的话术。此类爆款文案的公式为：爆款文案＝你要相信＋观点。

目前很多企业、商家都在通过这类文案进行产品推广，最常见的方式比如"你要相信你属于天生丽质的类型，只是生活埋没了你的本色，只要你坚持通过××产品进行美白，一定可以变回你原来的样子"。

虽然这类爆款文案看似简单，但事实上需要企业、商家进行整体策划，其中包括对用户、粉丝需求的引导，以及对所推广产品的分析，将用户、粉丝的思维引导到产品效果之上，通过继续鼓励，将两者的结合描述成为用户的愿望。

4.5.5 干货输出的爆款文案公式

此类爆款文案的公式为：爆款文案 = 情景 + 怎样做 + 事件。

例如，家里 Wi-Fi 信号不稳定怎么办，一个小技巧教大家获得稳定网络。

在企业、商家的社群和直播运营过程中，干货输出文案非常重要，是企业、商家运营团队提升用户、粉丝信任度的重要工具。这类文案还可以直接作为用户、粉丝福利进行分享。

可以从以下两方面编撰干货输出文案。

1. 生活技巧

生活技巧的分享是帮助运营团队拉近与用户、粉丝距离的有效方法，同时也是活跃社群和直播间氛围的重要工具。

例如，把苹果和土豆一同存放，利用苹果释放的乙烯气体来阻止土豆继续生长，可以大幅度延长土豆的储存期。

这类生活技巧虽然简单，但实用性非常强，用户、粉丝也非常感兴趣。定期分享一些类似的技巧可以确保用户、粉丝对社群、直播间的长期关注。

2. 专业领域知识

专业领域知识的分享要与品牌、产品相结合。

例如，美妆品牌可以分享一些提升品牌价值的专业知识，或者分享一些护肤、美白的专业知识，既可以提升粉丝的关注度，也可以提升企业、商家的专业性。

以上两类内容就是干货输出的主要方式，通过编撰这类文案，可以有效提升用户、粉丝的忠诚度。

4.5.6 结合热点的爆款文案公式

"热点"是新媒体时代各个领域、各种渠道蹭流量的主要对象。

结合热点的爆款文案公式为：爆款文案 = 热点话题 + 创新角度。

单纯地蹭热点很难持久,但有了创新思维之后,就可以从不同的角度结合热点表达新观点。

> **学习笔记:**
> 自媒体时代文字的商业价值丝毫没有贬值,爆款文案产生的引流效果更不弱于其他传播方式。

第 5 章

直播带货引爆销量的策略与方法

在当代商业市场中拼搏进取最怕什么？不是自身资源的匮乏，也不是市场竞争的激烈，而是企业、商家手中明明有丰富的资源，却找不到将资源转化为实际利益的渠道。尤其在新媒体时代，自媒体平台成了线上获利的根据地，但很多企业、商家却无法及时在直播间内引爆销量。面对这种情况，我们是不是应该思考下直播带货的技巧与策略呢？

5.1 直播带货对社群运营的 4 个价值

在"直播+社群营销"组合拳中,直播和社群同步运营产生的效果可以带给企业、商家更多惊喜。如图 5-1 所示,就直播带货而言,"直播+社群营销"组合拳的价值与优势也可以从使社群流量倍增,增强社群粉丝的信任度,塑造品牌、种草产品,以及推动社群粉丝的成交变现 4 个方面具体体现。

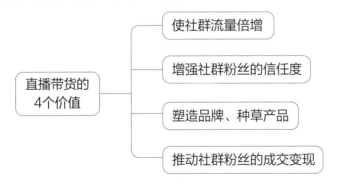

图 5-1 直播带货对社群运营的 4 个价值

5.1.1 直播使社群流量倍增

在直播活动的策划与运营关键点的讲解过程中，我们一直强调社群运营，既是直播初始流量的保障，更是成交转化的关键。同时，在社群为直播引流的过程中，直播间的粉丝也会沉淀到社群当中，社群对直播活动的促进越大，直播间向社群沉淀的粉丝越多。

1. 主播人气吸引更多关注

通过平台引导进入直播间的粉丝中"路人"相对较多，直播间的氛围、主播的人气是将这些"路人"转化为"铁粉"的关键。

很多自媒体大V在成长历程中都会有这样一个阶段——爆流增长期，这一阶段的到来主要源于主播成长的良性循环。主播的运营团队会通过社群的私域流量引爆一场或多场直播活动。这时通过平台进入直播间的粉丝则会被直播间的氛围感染，对主播产生好奇与关注，在这种情况下主播人气可以再次提升，为社群的引流效果也会随之增强。

以抖音头部大V李佳琦为例，2018年"双11"期间，李佳琦通过一场和马云比拼带货口红的直播，打响了"口红一哥"的名号，在短短两个月的时间内，李佳琦的粉丝暴涨1300万，而且场场直播观看人数都保持在百万以上。

2. 粉丝福利诱导更多沉淀

对于新进入直播间的"路人"粉丝而言，引导其转化的关键在于明确的对比性，即自己与主播社群粉丝之间的对比。

例如，主播在直播活动中可以进行这样的引导：今天好多粉丝群的宝宝都没有抢到秒杀产品，不过大家不要担心，晚一点我会和商家争取，再为大家补一波福利。

这类宠粉的引导可以拉近主播直播间新用户的距离，也可以有效将其转化到企业、商家的社群当中。

除了宠粉模式之外，一些福利分享也会在直播间内产生良好的沉淀效果。例如，主播在直播过程中可以为粉丝送上免费课程的福利，此时直播间的新用户则会主动询问如何听课，这时主播则可以进行后续引导。

有些新用户会直接到主播的后台搜索粉丝群信息，主动沉淀到粉丝社群当中。

5.1.2 直播可增强社群粉丝的信任度

如果说社群运营是在私域流量池内拉近与粉丝的距离，是提升粉丝亲近感、信任感的方式，那么直播就是在公域流量平台增加粉丝信任度的渠道。

1. 直播是社群福利体现的重要方式

社群福利与直播间活动环环相扣，尤其一些 1 元秒杀、0 元秒杀的福利环节，都是企业、商家在社群运营过程中提高社群活跃度的主要方式。在直播与社群营销结合的过程中，大多数社群福利都是通过直播活动发送到粉丝手中的，这也是企业、商家将社群活跃度转移到直播间的有效方法。对粉丝而言，直播成了社群福利领取的窗口，只要福利活动可以顺利、真实开展，那么粉丝对社群、直播间的信任度就会不断提升。

2. 直播是兑现社群承诺的主要渠道

直播间内主播打造的带货环节、营造的营销场景都可以培养粉丝的信任感。

相比社群运营，直播最大的优势在于可以直观交流，粉丝可以亲眼见证在社群日常运营过程中，企业、商家对粉丝做出的承诺是否真实，这也决定着粉丝对社群信任的持久性。

目前，在抖音、快手平台上直播带货活动越发火爆，但其中也有一些失败的案例。例如，我们就曾看到过在一个商家的直播间内，粉丝骂声一片的情况。

当时，商家在社群内以"9.9 元 24 包抽纸包邮到家"的活动吸引了大批粉丝进入直播间，但粉丝看到主播手中抽纸的大小时开始纷纷吐槽：这哪是抽纸，明明是纸巾。

这种无法履行承诺，甚至带有欺骗性的引流活动虽然确保了直播间的热度，但却严重降低了粉丝的信任度。直播间是检验主播人品的窗口，如果在日常社群运营的承诺不能及时兑现，那么粉丝必然会流失。

当然，如果主播可以在直播间内兑现承诺，那么粉丝对主播、社群的信任感自然会增加。

2020 年，抖音头部大 V 李佳琦的粉丝数量暴涨到了 3000 多万，坐拥超过 500 个粉丝群，李佳琦团队在社群中对粉丝许下的每一个承诺，李佳琦都会在直播中一一兑现，这就是他可以拥有几千万铁粉的主要原因。

5.1.3 直播可以塑造品牌、种草产品

对于企业、商家而言，直播带货的过程就是塑造品牌和产品种草的过程，这对于社群运营有很好的推动作用。但对于粉丝来说，直播带货就是享受优惠与领取福利，并且还可以和主播娱乐互动的过程。

那么，主播在直播间当中应该如何塑造品牌，并进行产品种草呢？

正常情况下，直播间得到流量引入之后，除了产品价格优势之外，主播还需要将产品塑造出更高的价值，并把品牌宣传出去，这就需要主播掌握一定的话术技巧。直播间品牌宣传、产品种草的重点不在于主播对专业知识了解多少，而在于主播对粉丝心理的把握是否到位。因为粉丝不会主动产生购物欲望，更多在于主播心理暗示下的引导。

在这一过程中，主播可以通过产品对比的方式提升产品价值，随之通过讲述品牌故事、发展历程来进行品牌宣传，让粉丝感到直播间的每一件产品都是有故事、有品质和有附加价值的。

5.1.4 直播可以推动社群粉丝的成交变现

既然讲到了社群运营活动的成交变现，那么我们就需要详细讲解下这一商业价值长期转化的流程。

在社群日常运营的过程中，产品种草以文字、图片、短视频的方式为主，这种产品推广方式营造的意境在不同的粉丝眼里会产生不同的效果，因为这种方式很难营造出一个直观、统一的画面。但在直播间当中，产品展示和产品推广就表现出了另外一种状态。

主播可以通过产品试用等方式带给粉丝更真实、更有冲击力的视觉感受，更重要的是在直播间内主播与粉丝保持着近距离的沟通。另外，直播间氛围、主播带货节奏都可以起到更强的引导效果。因此，直播为社群粉丝的成交变现提供了窗口，粉丝的购买力在直播间中得到了充分的挖掘。

除了直播间的成交转化之外，主播还可以在完播后对社群开展追销活动。我们了解到，社群的追销活动可以使一场直播活动提高 50% 的销售业绩。

> 学习笔记：
>
> 直播带货对社群运营的 4 个价值：使社群流量倍增，增强社群粉丝的信任度，塑造品牌、种草产品，推动社群粉丝的成交变现。

5.2 引爆直播间的 4 个关键

带货是大多数直播活动的核心主题，但带货效果不仅取决于产品自身、主播个人，还取决于直播活动的整体设计。缺乏了关键要素的设计，即便企业、商家有社群私域流量的引入，也无法令直播活动达到燃点。要想引爆直播间，需要注意以下 4 个关键点。

5.2.1 主播心态的培养

主播的心态决定着直播间的氛围与节奏，一位成熟的主播不仅要掌握直播带货技巧，还要有强大的心理素质。很多企业、商家认为，主播的工作就是按照脚本流程，通过有效沟通引导用户、粉丝购买产品，不会有太大的心理压力。事实上，在当下新媒体时代，主播的工作费心费力。直播间内粉丝越多，不同的意见就越多，其中不乏一些对主播的质疑与批评，每天面对这些信息主播难免会出现负面情绪，而主播的心态决定着直播活动的效果，因此，主播心态的培养就成了"直播 + 社群营销"组合拳中的重要工作。

主播心态的培养可从以下 3 个方面进行，如图 5-2 所示。

图 5-2 主播心态培养的 3 个方面

1. 心理素质

任何一个成熟的主播都要经历一段成长期。在这段时间内，是主播从"先推销自己"到"再推销产品"的转变过程。没有谁是天生的主播，也没有哪位成功的主播可以保证自己永远不会"翻车"。所以，主播要先培养好自己的心理素质，才能够胜任自己的工作。

合格的主播绝对不是依靠甜美长相、清脆声音吸引粉丝的花瓶，主播的个人魅力是一种人格的体现。主播在面对质疑时要虚心接受，在面对赞扬时要及时感恩，在面对无理的谩骂时要保持冷静。同时，主播还要坚持每天直播，不断提升在线率，用更多的实践磨炼自己的心智，这样才可以培养良好的心态，才能够在后续的直播过程中建立良好的人设，获得更多粉丝的青睐，带货效果也才能够得到保障。

2. 人品

虽然直播活动的主要目的是为了带货，但主播不能用带货结果去评定粉丝的优劣。直播是建立在社交基础上的互联网活动，因此，社交才是直播活动的根基，如果主播因为商业活动影响了社交属性，那么主播的人品就会被用户、粉丝质疑。

对于如何呈现主播的人品这方面，我们为大家提供一条建议：直播间来人就问好，不亏钱就交朋友。

相信很多企业、商家对这一建议都会产生疑虑，如果按照这一标准开展直播活动，

"直播+社群营销"的意义何在呢？事实上，对直播间内商业活动的效果起决定因素的还是主播，主播的心态、人品才是商业活动开展的前提，缺乏了主播人品的支撑，商业活动根本无法顺利进行。

主播的人品不是短时间内的行为评价，而是一种长期的粉丝口碑。主播在直播过程中要不断提升自己与粉丝的互动能力，拉近自己与粉丝的距离，多交朋友，多关心粉丝，先建立彼此的信任关系，之后再考虑收益。

3. 产品

无论是在直播间还是在社群内，企业、商家获得利益的主要方式是走量，通过较低的客单价不断提升销售总量，打造持续获利的渠道才是正途。

在这种获利方式中，不要过分追求客单价的提升，而是通过良心推荐，将性价比更高的产品展示到粉丝面前，通过批量转化提升最后的总收益。

5.2.2 引爆直播间氛围的6种方法

引爆直播间氛围的渠道一般有两种：一种是有成本投入的福利活动，另外一种则是主播的主动引导。虽然第二种方法相对第一种而言产生的效果相对较小，但在一场完整的直播中，粉丝的情绪必然存在起伏，主播通过讲故事、举例子等方法可以激发粉丝的热情，从而维持直播间的氛围。

带动直播间粉丝的情绪，主要通过主播与粉丝的互动来实现，而在主播与粉丝互动的过程中，有6种方法可以取得更佳的效果。

1. 主播要保持亢奋的状态

相比商家和专业的销售人员，主播有一个独特的优势，即主播拥有感染力。主播的情绪是带动粉丝情绪的重要因素。在直播间当中，粉丝看重的不仅是主播讲话的内容，他们更在意主播的情绪，如果主播自己都缺乏亢奋的情绪，那又如何能带动他人进入更亢奋的状态呢？

想要引爆直播间的氛围，主播首先要拥有自己的能量场，让自己的状态获得更多粉丝的喜欢，之后粉丝才会为自己的情绪买单。

当然，一些平台头部大 V 在直播时表现得还是十分冷静的，因为他们有庞大的粉丝基数，拥有优质的品牌支撑。例如，2020 年 8 月，小米 CEO 雷军在直播过程中就表现得十分冷静，2 个小时获得破亿元的带货成绩。这种情况是因为雷军背后代表着小米品牌，拥有品牌忠诚度的粉丝自然愿意在各种福利的刺激下抢购直播间的产品。

如果主播没有如此强大的背书，那还是要保持一个亢奋的状态去感染更多粉丝，这才是一种有效的策略。

2. 现场做趣味实验，演示产品

产品展示过程要有足够的趣味性，主要方法就是主播自己试用产品。

另外，在产品演示阶段，主播要尽量采用更多的方式去展示，比如自己演示完之后，让助理再次试用，助理试用之后把家人拉到镜头前再次试用。这种有惊喜、有意外的趣味实验，可以带给粉丝更多的乐趣。

3. 多讲品牌故事，做好场景式营销

相比直白的产品推广，粉丝更喜欢听主播讲故事。通过讲品牌故事的方式，主播不仅可以拉近与粉丝的距离，还可以通过一些观点的表达令粉丝感同身受。在这种产生共鸣的过程中，主播才能有效带动粉丝情绪，站在粉丝的角度进行推广引导，带货效果才能更喜人。

4. 主播讲自己的故事

作为直播间和社群的 KOL，主播自身的故事也是粉丝关注的焦点。尤其是对于一些成熟的主播而言，自己的心路历程可以提升自己的 IP 形象，在形象树立之后，带货产品的品质才能获得粉丝的认可。

2019 年，淘宝直播平台头部大 V 薇娅就在直播过程中讲述了自己创业的艰辛故

事。有了这样的描述，粉丝对薇娅的信任感更高了，对其带货的产品也更加青睐了。

5. 分享小技巧

前面我们曾提到，分享小技巧是带动粉丝情绪、提升粉丝忠诚度的好方式，在直播过程中，这种方法也可以有效活跃直播间的氛围。

直播过程中小技巧的分享主要针对产品的功能、效果以及使用方法，但主播要从中总结出最核心的几点，把最有效、价值最高的小技巧在直播间内分享给粉丝。

6. 做类比

直播间的类比事实上是主播的一种话术展现。通过一些产品专业名词的描述，提高产品品质，之后进行巧妙的类比，既可突出产品的品质，又可以为粉丝带来乐趣。

例如，如果说××款香水的级别，相当于男人眼中的宝马7系，那么这款香水就相当于劳斯莱斯了。

5.2.3 直播间产品展示的3个绝招

通过对当下各直播间产品展示的方法进行总结，我们归纳出以下3种主流类型。

1. 对比式介绍产品特点，强调特殊性

正所谓没有对比就没有优势。主播在直播间展示产品时也需要进行明确的对比，主要有以下两种方式。

（1）特点对比。主播会将自己的产品和一些国际或国内大牌产品进行对比，对比的目的不仅是明确产品的优点，更是突出产品的特点。

例如，主播将一款护肤品和国际大牌产品对比时，会重点突出这一产品独有的功效，将这种功效形容成连国际大牌产品都不具备的特点，以此提升自己产品的价值。

（2）认知对比。认知对比是将产品的专业讲解进行通俗化比喻。

例如，形容一款补水护肤品的效果，太过专业的名词很难在粉丝脑海中留下具体的印象，这时主播就可以将其比喻成为植物浇水，使用这款产品相当于一棵植物每天浇水多少毫升，之后对比正常情况下土壤每天会流失多少水分，这种数据对比可以更加直观地突出产品优势。

2. 体验式展示产品

前面我们一直强调，主播带货一定要亲身体验，用效果说话。这也是目前各大自媒体平台直播间当中主要的产品展示方法。

雷军在直播间内带货时，一般都会对产品的功能进行展示，然后对使用方法进行说明，并且将自己的体验描述出来。由于粉丝对主播有信任感，所以对产品的效果也会产生认同。

除去这些常规的展示之外，还有很多主播喜欢采用夸张的展示方法。

例如，某主播把两个西瓜装到丝袜中，以此突出丝袜的质量和弹性，并对粉丝们进行带货引导。

3. 讲解专业知识

对于一些特殊行业的产品而言，专业知识的讲解非常必要。例如，在母婴领域中，很多直播间粉丝都是第一次当宝妈，育儿经验不足，缺乏育儿技巧，而主播把一些育儿经验和产品结合后分享给粉丝，销售转化极其惊人。

就带货效果而言，这种产品展示方式明显优于前两种产品展示方式，因为多数直播间粉丝对这类专业知识的需求属于刚需，而直播间的产品又可以解决粉丝的实际问题，转化效果自然十分明显。

5.2.4 直播间产品卖点展示策略

对于主播而言，对自己带货的产品应有充分的了解，对产品的卖点也应十分明确。此外，在直播带货过程中，产品卖点的展示也需要遵循一定的规律。

1. 卖点不要讲太多

正所谓"都是重点等于没有重点"，过多的卖点会显得产品过于平庸，反而没有任何亮点，卖点不突出会导致粉丝失去耐心，最终不会成交。

在直播间中，一款产品的带货时间一般不会超过 10 分钟，卖点展示应最多占用 5 分钟的时间，用户在这一时间段会关心产品的 3 个方面，分别是价格、功能和安全性。主播只需要将产品的卖点与其中一个结合，进行详细描述即可，如果全面介绍不仅时间会延长，还会令粉丝找不到产品的核心特点。

2. 最多展示 3 个卖点

我们通过上千场直播活动的运营经验，总结得出产品卖点不宜超过 3 个，其中一个为主打卖点，另外两个作为辅助，这样取得的效果更为突出。

3. 卖点要细化讲解

卖点的最大作用是提升用户的购买欲望，而并非展示产品的价值。因此主播只需要定位到粉丝最关注的一点即可，将这一点讲清楚、讲明白，转化效果比全面讲解所有卖点更为有效。

4. 卖点要重复讲解

对于卖点，除了要细化讲解之外，还要重复讲解。通过对粉丝痛点的重复描述，不断突出产品卖点的效果，既可以深度触动粉丝的消费心理，也可以为直播间内新进入的粉丝带来正确的引导。

> 学习笔记：
>
> 再造李佳琦、薇娅的商业活动在各大自媒体平台上一直持续，但有几人成功了呢？成功的只有"李佳琦带货模式""薇娅直播技巧"。

5.3 直播间爆品打造的逻辑与技巧

5.3.1 如何准确分析直播间用户的心理

很多人说成功的主播都是心理学专家,从商业市场的角度来讲,这种理论非常正确,因为带货成功并非仅仅依靠推广技巧,更重要的是对用户心理的准确分析。如图 5-3 所示,准确分析直播间用户的心理是开展商业活动的重要前提。

图 5-3　分析直播间用户心理的 4 个方向

1. 从众心理

人们的从众心理在商业领域非常常见。

例如,排队最长的早餐店一定会受到更多人的关注,因为在大众的潜意识中就认定人多的门店早餐一定好吃。

正是因为大众的这种心理，企业、商家才创造了各种从众营销方法。

例如，这款产品 2 小时销量就破 10 万了，现货不多，商家正在抓紧补货，各位亲们抓紧下单了。

目前这类营销方式在传统电商零售平台、自媒体平台当中都十分常见，打造出的爆款也不计其数。但如果企业、商家只会模仿这一模式的话，只能达成一时的成功，很难获得持久的收益。原因非常简单，因为用户、粉丝可以在很短时间内看破企业、商家的套路，之后就是粉丝的麻木以及用户的流失。

针对这种情况，我们还要多向抖音头部大 V 李佳琦学习。李佳琦打造出了无数款美妆产品，其中通过引导性关键词引发从众心理的案例更是比比皆是，但李佳琦为了避免粉丝们对这类营销方式产生麻木感，会搭配抽奖的方式增强粉丝黏性，用带货＋福利的方式确保直播间的火爆氛围，通过这种搭配使直播间的从众效应不断升级。

例如，在李佳琦的直播活动中，除了开播时的固定抽奖活动，中间还会根据直播节奏不定时开展抽奖活动，所以李佳琦的直播间长期保持着火爆的氛围，哪怕是新用户进入直播间也可以在短时间内被感染，对直播间和主播产生浓厚的兴趣。

2. 塑造专家形象

为什么我们常说垂直度不高的主播带货效果往往不好，主要原因就在于这类主播在粉丝眼中无法形成行业专家的形象。粉丝或许会喜欢主播本人的气质和甜美的外表，但不会单纯因为喜欢主播，就大量购买主播带货的产品。虽然爱屋及乌的情况也十分常见，但毕竟这类粉丝仍然属于少数群体。

前面我们也一直在强调，主播带货的基础是信任，粉丝只有相信主播的选品能力和其人品，才会相信产品带来的价值，而在这个过程中主播就要表现出行业专家的形象，成为粉丝眼中合格的 KOL。

纵观当下各大自媒体平台的头部大 V，他们的共同点十分明显——垂直度超高。

在粉丝眼中主播就是这一领域的专家，并且是站在自己的立场为自己的选品的行业专家。

虽然行业专家不一定适合直播带货，但直播带货的主播一定要有专家级的认知，主播只有把自己打造成某领域的专家，进行专业知识讲解，介绍正确的产品使用方法，才能够深度触动粉丝的内心需求。

同时，对粉丝问题的解答，给予的专业指导建议，以及分享的各类小技巧也都可以让主播在粉丝眼中树立 KOL 形象，从而引导粉丝提升购买产品的欲望。

3. 明星效应

通过企业、商家的社群运营和直播互动，粉丝可以对主播和社群产生一定程度的青睐感，但相比粉丝对明星偶像的喜爱而言，完全属于两个不同的级别。

针对粉丝的这种心理，利用明星元素进行带货的商业模式早已覆盖了当下市场的每一个角落。以"明星同款"为例，带有这一标题的产品不仅价格较高，且销量较大。粉丝往往认为使用与偶像同款的产品，不仅可以提升自己的生活品质，还可以拉近自己与偶像之间的距离。

就直播间爆款打造的逻辑与技巧而言，明星效应就是粉丝自我满足的一种过程。而在直播间当中，主播也可以针对这一心理进行适当的引导。

例如，我们虽然没办法带大家到××（明星）家里转一转，但可以分享一下这位明星家里的家居配置。

再如，费尽九牛二虎之力，我们终于得到了××（明星）的抗衰老秘方，××全靠这些护肤品的巧妙搭配来护肤。

在主播的这些话术下，粉丝的心态也会发生变化，产生的引导效果也十分突出。只要主播能够提供这些产品被明星使用的真实证据，就可以获得粉丝的青睐。

4. 主播自用款

如今在各大自媒体平台上又开始风靡"主播自用款"产品。因为主播带有人设，人设下便是无数粉丝的信任。

相比明星同款产品而言，从粉丝角度出发，"主播自用款"产品更受青睐。因为主播会主动连接粉丝，并站在粉丝的立场进行描述和推广，所以粉丝认为这类产品更贴近自己的生活。

5.3.2 如何将卖点与场景进行融合，引起用户注意

直播间的爆品打造主要依靠主播的带货技巧与节奏掌控，但就产品自身而言也需要进行适当的包装塑造，即将产品卖点与场景进行融合。

1. 产品卖点：为什么值得买

主播带货引导的主要内容之一就是告诉粉丝产品为什么值得买。正常情况下，主播可以从价格、品牌、福利等方面入手，调动粉丝的购买欲望。

2. 使用场景：为什么需要买

当粉丝明确了产品的卖点之后，还会出现一个关键问题，这就是自己是否需要买。这时主播就要根据与粉丝的互动，挖掘粉丝的深度需求，让卖点与场景相融合，从而告诉粉丝，这款产品不仅值得买，同时自己还需要买。

5.3.3 如何将情感与福利进行融合，赢得用户青睐

如果说卖点与场景的融合是为了提升产品的价值与销量，那么情感与福利的融合就是为了提高粉丝的忠诚度。

粉丝的忠诚度是对产品产生青睐的重要前提，在直播过程中提升粉丝的忠诚度不能仅仅依靠福利的发放，还需要让粉丝真实地感觉到自己所连接的是一个有情感的人，而不是一家企业、一家店铺。主播要令粉丝明白自己为什么找主播购买；同时，主播还要向粉丝明确直播间的独家福利，即为什么在直播间购买。

1. 真情实感：为什么找我买

粉丝找主播购买产品的主要原因不是直播间的福利，而是与主播之间的情感联系，这也是我们前面提到的"先推销自己，再推销产品"的表现方式。只有主播与粉丝之间建立了真挚的情感，粉丝才会第一时间找主播购买产品。主播与粉丝之间建立真挚情感的方式有很多，其中最重要的方式就是，主播始终与粉丝站在一方，主播永远是粉丝眼中的"自己人"。

例如，在直播间内虽然主播属于带货方，粉丝属于消费方，但两者绝不是常规的交易关系，主播要表现出自己不是获利者，而是粉丝的谋利者。

所以，在直播过程中，主播就需要用饱满的情绪去感染粉丝，并在福利环节站在粉丝角度欢呼活跃气氛。

例如，各位亲们，还有不到一分钟的时间就到咱们××产品的秒杀环节啦，大家准备好，听我倒数"3、2、1"，一起来薅羊毛啦。

虽然大家都明白这一福利环节是商家和主播的运营策略，但主播的情绪可以影响直播间的氛围，令粉丝产生亲近感，从而提升忠诚度。

2. 独家福利：为什么在这买

在建立感情的基础上，搭配福利才能起到更好的带货效果。如果主播不为粉丝谋福利，粉丝得不到实际的利益，那么彼此的感情就会渐渐变淡。

为粉丝谋福利不仅指提升福利的力度，还可以为粉丝定制专属福利。

例如，通过日常社群运营，我们了解到社群内粉丝对某款产品青睐度很高，就可以针对这款产品开展直播活动。在直播过程中，给予粉丝足够的优惠力度，让粉丝感觉这场活动是为自己定制开展的。

5.3.4 如何将利益点与秒杀进行融合，实现销售

在直播活动中最能带动直播氛围的环节当然还是秒杀活动，因为秒杀活动的优

惠幅度较大。但在秒杀活动之外，只要主播可以突出描述产品的利益点，令粉丝认识到优惠幅度非常大，一样可以产生良好的转化效果。

1. 利益点：为什么必须买

突出利益点的方法不能局限在产品自身之上，要通过对比与附加价值的描述对粉丝进行引导，进而让粉丝明白自己为什么要买。

（1）帮助粉丝明确具体收益。明确粉丝的具体收益，并不是指企业、商家在直播过程中发放了多少福利，而是粉丝购买了带货的产品后获得了多少优惠空间。

目前，很多主播在带货过程中都把产品在直播间的价格与其他渠道进行比价。

例如，这款护肤品的专柜价为×××元，在其他电商平台最低的折扣价也要×××元，今天在我们直播间下单，只需要×××元，而且是顺丰包邮到家。

这种具体数值对比的方法可以帮助粉丝明确具体收益，起到的带货促进效果也是十分明显的。

（2）突出产品的价值。产品的价值不仅是它的价格，还包括附加价值和使用效果等。

例如，今天这款产品我们不仅××元包邮，而且还专门请来了××专家专门为粉丝讲解产品的使用方法及使用技巧，同时还会为各位家人分享一些秋季护肤的小妙招，家人们抓紧时间下单，今天产品有限，只能限量抢购了。

在这种直播带货策略下，一款产品除了自身价值之外，还附带了知识价值，经过一系列的价值突出，粉丝对产品的需求就会不断提高。

2. 限时限量秒杀：马上购买

有了利益点的描述，粉丝会产生强烈的购买欲望，为之后的限时限量秒杀活动引爆直播间做好铺垫。

主播突出强调了带货产品的价值,粉丝感觉到了优惠的幅度,之后对于优惠幅度更大的限时限量秒杀活动,粉丝自然会产生立刻买、马上买的欲望。这也是直播间打造爆品的主流思维。

学习笔记:

打造一款爆款产品并不难,但一直打造爆款产品极其不易。事实上,这两者之间只不过是隔着"直播间爆品打造的逻辑与技巧"的距离。

5.4 直播间成交的 5 个步骤

在直播间中,主播带货虽然只是一个简单的引导销售过程,但对于粉丝而言却是心理、意识上的一系列变化过程。如图 5-4 所示,无论主播的直播策略和技巧多么高端,都需要通过 5 个步骤完成带货的过程。

图 5-4　直播间成交的 5 个步骤

5.4.1 巧抓注意力

我们对一件事物的第一印象决定了我们之后的行动方向,或忽视略过,或继续关注。这两种选择取决于事物本身有没有抓住我们的注意力,能够令我们对其产生兴趣。

那么,什么样的事物能够抓住他人的注意力呢?就直播带货而言,第一点便是有利益。如果粉丝进入直播间后第一时间能感觉到直播间与自身利益相关,那么他便会留在直播间，思考直播内容与自身利益存在哪些连接。

第二点便是有特点。粉丝进入直播间之后能不能第一时间发现直播间与众不同的地方，令其产生新颖的感觉，也决定了其是否留存。

针对第一点，企业、商家的运营团队需要从文案、直播间环境、版面设计等方面认真思考，如何最大化令粉丝产生利益连接感，这是后续成交的基础。

针对第二点，企业、商家的运营团队主要从直播间的环境上入手，而主播则需要从自己的装扮与气质上入手，打造出与众不同之处，才能获得更多关注。

5.4.2 激发兴趣

粉丝在直播间初步留存之后，后续是否会深度关注直播内容，则取决于直播互动能否引起粉丝的兴趣。所谓兴趣，就是对一种事物长期关注的动力，在直播间内引导新粉丝继续观看主播的关键点是直播的主题。

例如，新粉丝进入直播间看到主播的低价带货之后开始了后续关注，而主播在直播过程中不断突出活动主题，强调本次活动产品的优惠幅度，令粉丝可以明确认识到在直播间购物可以获得多少优惠，这些优惠便是真实的利益。

另外，就直播间的与众不同点而言，主播也可以通过主题的描述进行深度诠释，粉丝也会对这些观点产生更浓厚的兴趣，兴趣的延伸代表着粉丝的长时间留存。

5.4.3 建立信任

有了前两步的运营，直播带货便进入了非常关键的一步，这就是建立彼此的信任。

想要提升直播带货的效果，主播首先需要成为粉丝眼中值得信任的人，这种信任是粉丝购物安全感的重要来源。对于第一次接触我们的粉丝而言，拉近彼此距离的第一步便是自我介绍，主播将自己介绍得越详细，粉丝的安全感就会越高。当然，主播在介绍过程中也要有所选择，要围绕粉丝感兴趣的点进行介绍，对于粉丝反应平平的内容，主播可以一带而过。进行自我介绍之后，以下还有 4 种方法可以提升粉丝对主播的信任感。

1. 互动

互动可以令粉丝有亲近感，是消除彼此陌生感最好的方式。所以，主播在直播间中要大范围地进行互动，争取与更多的粉丝产生连接。

2. 表达认同

在互动的过程中，主播需要对粉丝的合理观点表达更多的认同，并及时延续粉丝的话题进行简单的后续交流。

例如，粉丝向主播表示，感觉本次活动产品的优惠力度没有达到期望值。这时主播可以说，非常抱歉，我们也非常清楚商家给出的优惠力度不是最高力度，但我们真的尽力了，下一次，我们再为各位家人们争取更高的优惠空间。

对粉丝观点的认同等于对粉丝的认可，这种认同可以令粉丝产生亲近感。

3. 站位清晰

所谓站位清晰，是指在与粉丝互动的过程中，主播始终站在粉丝的立场上。从称呼到观点表达，主播始终要把自己和粉丝视为一个整体，只有主播把粉丝当成朋友，才能够令粉丝产生信任。

4. 塑造专业身份

除了朋友身份之外，直播间的粉丝还会对另外一种身份产生信任，这就是专业人士，这也是主播必备的身份。

尤其在带货环节当中，主播的讲解一定要具有专业性，让粉丝认为主播是行业专家。有了这一身份，粉丝自然会更加认同主播。

5.4.4 刺激强欲望

主播与粉丝之间产生了信任之后，就进入了直播带货的引导环节。

刺激粉丝的购买欲望需要从需求点出发。这种需求点不仅针对产品自身，也针对整个直播间。

例如，对于有利益需求的粉丝，主播可以通过强调产品优惠力度进行引导。

对于有附加价值需求的粉丝，主播则可以强调购买产品之后有哪些专业课程免费赠送，同时这也是一种平台粉丝向私域社群沉淀的方式。

当然，对于需求、欲望表达不明显的粉丝，主播则需要进行巧妙的引导。先为粉丝展示带货主题，然后根据粉丝的反应一步步进行引导，令粉丝主动发现自己的需求点，尝试说服粉丝：你真的需要我们的产品。

5.4.5 催促快行动

当粉丝产生了购买欲望之后，主播一定要趁热打铁，通过各种技巧催促粉丝快速下单。

在主播的引导下，粉丝产生的消费行动很多时候并非主动进行，而是被动顺从，在下单之前粉丝的理性会使其产生犹豫，这时主播则需要再次强调利益空间，强调机遇难得、时间有限，加速粉丝下单的过程。

如果是强调利益空间，主播在催单阶段可以多进行对比，突出本次直播活动的优势，令粉丝看到优惠幅度的独特性。

而在机遇难得、时间有限观方面，主播最常用的方式就是提醒粉丝当前的活动是限时、限量抢购活动，这种营销方式对提升粉丝下单速度非常有效。

> **学习笔记：**
> 直播带货考验的不是主播的脚本执行能力，而是用户情绪、思维的带动能力。直播带的是"货"，主播带的却是"人"。

5.5 直播间追单策略与技巧

虽然直播过程中主播通过话术引导、氛围营造能刺激粉丝的购买欲望，但直播过后依然会出现两种具有追单潜力的人群。

第一种是没买够，感觉福利丰富，产品优惠幅度较大，准备主动复购的群体。

第二种是未能及时把握机遇，或者未能及时在限量活动中抢到心仪产品的群体。

对于这两大群体，及时追单可以有效提升企业、商家的利润空间。但直播过后，主播与粉丝沟通的直接通道就处于关闭状态，所以在直播结束之前，一些必要的追单策略与技巧就需要主播通过话术技巧来展示。

5.5.1 追单语言技巧

直播间属性不同，追单语言技巧的表现方式也不同，下面为大家分享 6 种当下各大自媒体平台直播间中主流的追单语言技巧，如图 5-5 所示。

图 5-5　当下主流的 6 种追单语言技巧

1. 产品引导式

对于一些产品卖点突出、直播间带货情况非常可观的直播活动而言，直播结束之前主播可以通过对产品卖点的再次突出进行引导，并为粉丝明确产品追单方式。

例如，各位家人们，咱们今天的活动马上就要结束了，但后台数据显示，家人们依然在抢购咱们的活动产品。家人们不用担心，直播活动结束不影响家人们的下单，只要小黄车内的产品还有库存，家人们就可以继续下单。

再如，宝宝们，今天咱们的活动还剩最后 5 分钟，看大家的状态，这 5 分钟应该满足不了大家的需求，不过不用担心，活动结束后咱们带货的产品也不会恢复原价，今天 ×× 保证小黄车里的这批产品全部按活动价出售，售空为止。

2. 福利引导式

对于福利空间较大但带货效果未能达到企业、商家预期的产品，主播更要在直播结束前通过福利优势的引导，进行话术追单。

例如，宝宝们今天的直播马上要结束了，咱们带货的产品库存马上见底了，还没有"薅羊毛"的朋友需要抓紧啦。

再如，各位亲们，这次产品的折扣是我拼尽全力争取来的，机会难得，错过了我很难保证下次还能拿到这样的折扣了，大家抓紧时间下单啦。

又如，家人们，今天的直播马上就要结束了，×× 为大家抢来的优惠券仅限今天使用，各位家人抓紧啦，这么大力度的优惠券下次我很难再争取到啦。

3. 效果引导式

产品卖点也可以源于产品使用效果，对于带货效果突出的产品，主播就可以通过效果描述进行追单引导。而且使用这类追单话术时，无须直接提醒粉丝下单，而是通过产品效果刺激粉丝的购买欲望。

例如，今天的直播马上要结束啦，非常高兴和大家一起度过了一段愉快的晚间时光。××提醒各位家人，咱们今天的××产品要按照刚才××讲解的那样，有技巧地使用，我相信下次咱们见面时，家人们一定可以美美哒。

4. 催促引导式

所谓催促引导式，是通过强调时间概念引导粉丝下单的追单话术技巧。

例如，最后3分钟，还有最后3分钟咱们活动就结束啦，没有下单的家人们抓紧下单啦。

再如，咱们直播活动还有最后5分钟，活动结束后产品马上恢复原价，宝宝们赶紧下单了。

又如，宝宝们，这是咱们直播结束前最后一波秒杀活动，刚才没有抢到的宝宝们准备好，活动结束就没机会啦。

5. 定制引导式

定制引导式是针对一些有使用范围的产品进行的追单话术引导。

例如，各位宝妈们，今天××为大家搜集的2~3岁宝宝营养套餐来之不易，正如刚才××老师讲解的一样，这套营养套餐搭配合理，便于2~3岁宝宝的肠胃吸收，宝妈们抓紧啦，先到先得。

再如，各位家人们，这套8~10岁女孩子的内衣不仅面料柔软，材质更是百分百纯棉，相比那些不分年龄段的内衣，这款内衣更适合呵护小公主们成长，家人们赶紧为自己的小公主入手吧。

6. 独特引导式

对于一些独特性突出的产品，其特性就是最大的卖点，只要主播能充分表达出产品特性的可贵之处，就可以取得良好的追单效果。

例如，刚刚采摘的 2020 年春茶，茶园和采摘过程全程公开透明，宝宝们可以放心购买，××保证这一定是今年最新的春茶，还没有品尝过今年春天味道的宝宝们赶紧下单了。

以上 6 种追单话术技巧适用于大多数直播间的产品带货追单，根据产品的不同可以选择适合的方式，在直播结束前、在直播结束后的社群内及时进行追单引导，销售才能超出企业、商家最初的预期。

5.5.2 追单语言模板

追单话术技巧的掌握需要长时间的磨炼与总结，为了快速提高主播的话术能力，我们总结了一些追单语言模板，下面分享给大家。

1. 直播间追单模板

（1）今天的直播马上就要结束了，今天咱们直播间的人气达到了×××，又有××位新朋友加入了咱们的大家庭。我们是各位家人生活中专业的护肤顾问，对于护肤领域的任何问题，家人们可以随时联系我们，我们保证第一时间为大家提供解决方案，小黄车里有一些适合大家夏季防晒美白的套装，家人们可以随时入手。

（2）对于今天宝宝们讨论的夏日防晒补水的问题，我们××团队已经给出了最佳解决方案，并且保证适用于各种肤质，家人们多和身边的朋友分享，产品小黄车会随时补货，保证不会断供。

（3）今天是咱们××品牌十周年的专场活动，今天只需要××元就可以购买××产品，各位宝宝们注意了，这个折扣只限今天，只限今天。无须领取优惠券，直接下单即可，但只限今天。

（4）今天难得把××老师请到直播间，这些产品的搭配方式××老师也为我们讲解清楚了。我们也把产品的价格压到了最低，宝宝们赶紧下单，不然很难再有这个价格了。

（5）这是××明星特别喜欢、××团队带货主推的产品，今天我们也拿到了超高的优惠空间，但商家只限量给了200件，宝宝们拼手速的时候到了。

2. 社群追单模板

（1）亲们，我们知道在今天的直播活动中很多人都没有抢到心仪的产品，我们特意请品牌商又追加了一批福利，已经抢到商品的亲们让一让其他家人，品牌方追加的数量有限，先到先得。

（2）好多家人错过了咱们今天的福利环节，我们特意为大家预留了一部分活动产品，折扣和直播活动时完全一样，没能参加直播活动的家人赶快了解一下吧，这么好的机会别错过了。

（3）今天有好多新朋友加入了咱们××大家庭，新朋友入群怎么能不发福利呢。我们早就准备好了一批折扣大、性价比高的宝贝，新进群的朋友赶快了解一下并领取福利吧。

> 学习笔记：
> 直播带货转化不会因为直播活动结束而停止，直播结束后的追单就是商业价值的深挖，挖得越深，价值越大。

5.6 高客单价产品转化成交技巧

2020年4月1日,薇娅在淘宝直播间内带货了一款特殊的产品——快舟一号甲固体运载火箭的发射服务,这款产品定价4500万元,但薇娅同样也为粉丝们带来了超大的福利,500万元的优惠,即只需要4000万元就可以发射一次。向来倡导粉丝们赶快下单的薇娅,在带货这款产品时,竟提醒粉丝们"谨慎下单",因为需要缴纳50万元的定金。

但就在薇娅的善意提醒还没有说完时,助理就告诉薇娅,5次快舟一号甲固体运载火箭的发射服务已经被秒杀完了。

薇娅的这次直播活动在热搜榜霸榜好多天,大多数人把这次直播活动当成新闻看待,但真正从事这一领域的企业、商家却可以从中发现,直播间的潜力无比巨大。薇娅不仅创造了直播间带货单品高客单价的纪录,更创造了直播带货优惠价格最大的纪录。

如果企业、商家单纯认为在直播间卖火箭只是一种噱头,用来制造话题吸引人气的话,则代表其对现代直播带货的商业价值还没有一个正确的认识。我们承认,当下直播带货的主流方式都是以低客单价吸引更多流量，进而提升整体销量的方式为主，但这并不代表高客单价产品就没有生存空间。

对于高客单价产品而言，引导粉丝成交也有一定的规律和技巧。

5.6.1 文案引导+设置悬念，引起用户好奇

前面我们就曾讲过，直播间成交转化流程的第一步是吸引用户注意，随后勾起用户的兴趣，令用户长期留存。在这一过程中，客单价根本不会产生太大的影响。

在带货高客单价产品时，用户的兴趣点更为重要。因为只有用户有了足够的兴趣才会在后续了解到产品的高客单价时不会第一时间离开。

企业、商家可以采用文案引导+设置悬念的方式引导用户产生较强的好奇心，从而继续关注后续的直播内容。

1. 文案引导

所谓文案引导，就是在直播封面上设置一个让用户感兴趣的引导文案，这个文案可以是一个标题或一句疑问。

例如，主播带你 50 万元买别墅。

又如，LV 同级包包 1 折起拍。

这类带有悬念、令人产生疑问的文案可以起到很好的引流作用。当然，这种文案引导方式与单纯的标题党不同，标题党引流后用户很难找到真实的载体，不仅直播间的用户会快速流失，甚至会收到很多差评。

例如，用"主播带你 50 万元买别墅"的文案标题引导用户进入直播间，如果主播是在带货一些价格 500 万元以上且 1 成首付购房的内容，则用户一般会大量流失，同时留下失望的评论。

如果用这一文案标题引流后，主播是在介绍全国哪些地方可以 50 万元买到小型别墅，且这些城市的生活节奏多么缓慢，生活氛围如何惬意，那么粉丝不仅会继续留存，也容易购买后续主播推荐的旅游服务，到这些城市去看一看。

2. 设置悬念

悬念的设置同样可以通过文案的内容编撰实现，可以通过"如何""怎样""轻松一招"等词语描述引导用户进入主播间。

例如，一分钟教你学会 ×××，夏季如何 ×××，如何花最少的钱买最美的 ×××，这类文案产生的引导效果如果再加上干货分享，那么即便主播带货的产品属于高客单价产品，用户也会认为物有所值，物超所值。

5.6.2 抓痛点挖需求，让用户产生共鸣

薇娅带货 4000 万元火箭发射服务被瞬间抢空的原因并不在于薇娅的带货能力有多么突出，而是在直播间庞大的粉丝基数中，的确有此类需求的用户。对于这类自媒体平台头部大 V 而言，如此有亮点的直播活动自然会进行前期的运营推广，活动预热必然也十分全面，加之带货的产品虽然客单价高，但属于稀缺类型，所以商家与用户的连接表现得十分高效，带货流程极其简短。

对于大多数企业、商家的直播带货而言，能否抓住用户的痛点并引发用户对产品的需求决定着后续的带货结果。如果用户可以产生共鸣，那么他们自然乐于购买直播间内高性价比的产品，至于客单价的高低已经不是主要的因素了。那么，通过紧抓用户痛点，挖掘用户需求，进而令用户产生共鸣的方法有哪些呢？

1. 讲故事

前面我们讲到过，主播站位要明确，应该站在用户、粉丝的角度进行直播。所以，在这一过程中，主播讲述的故事更具代入感，更容易令用户、粉丝产生共鸣。

例如，抖音平台上的"90 后"带货主播赵珂就为粉丝讲述了自己的创业故事。

他讲述了自己从被骗到自掏腰包承担所有损失，再到一步一步获得粉丝、商家认可的成长历程。

故事中，赵珂始终站在粉丝的角度讲述自己的感受，粉丝也切身体会到了主播成长的不易，感受到了她诚信的品质。有了这样的信任基础，赵珂带货的各种产品，无论客单价高低，才有了销量保障。

2. 找误区

所谓找误区，是指针对用户经常产生误会的地方进行纠正指引，令用户呈现出自己的痛点，进而找到用户的真实需求，令用户产生共鸣。

例如，夏季穿防晒衣可以防晒。

对于很多女性用户来说，夏季被晒黑是一件非常苦恼的事，她们经常会陷入一个误区：只要穿了防晒衣就能防晒。

事实上，目前，因为材质原因，市场中很多低价的防晒衣并没有起到太大的防晒作用。我们知道，夏季容易被晒黑，其主要原因是紫外线比较强烈，防晒衣有没有防晒效果主要取决于两个关键指标。只有防晒衣的 UPF（紫外线防护系数）大于30，且 UVA（长波紫外线）透过率小于 5% 时，才可被称为"防紫外线产品"，防晒效果与面料的编织密度成正比关系。目前市场上很多透气、超薄的廉价防晒衣事实上并没有太大的防晒效果。

当主播为用户明确了这些误区之后，用户就会对主播产生信任感与依赖感，进而升级成为主播的粉丝。之后主播会把带货的防晒衣与正规的防晒衣进行对比，从而突出带货产品的优势。

在这种方式的引导下，即便主播带货的产品客单价相对较高，也容易产生转化。

挖掘用户痛点离不开日常运营过程中对社群信息、主播账号评论区信息的关注，因为这两个区域相当于潜在用户的痛点区，及时搜集这两个区域的需求性信息，可以挖掘更多优质用户，带货更多高客单价产品。

5.6.3 梳理用户的问题,并站在用户的角度进行解答

了解了用户的痛点,引导出用户的真实需求之后,主播的下一步并不是急于向用户推荐带货产品。在推广产品之前,主播首先需要梳理用户痛点与需求引发的各种问题,并在这一过程中要站在用户的角度进行解答,令用户对主播产生更强的信任感。

事实上,很多时候主播抓住用户的痛点,挖掘出真实需求之后,随之而来的则是令用户头疼、为难的各种问题。

以上面我们提到的防晒衣案例为例,当用户了解到并非所有防晒衣都防晒,自己夏季容易被晒黑是因为防晒衣抗紫外线能力不足导致之后,用户产生的思考绝不是应该买哪些产品,而是应该怎么做才能改善这种情况。

虽然我们都清楚解决这一问题的根本方法是减少外出暴晒的时间,但站在用户的角度来思考,用户一定是因为工作、生活原因无法避免这一情况,才选择购买防晒衣防晒,如果这时主播提出减少外出暴晒时间的建议,那么对于用户而言是解决不了任何问题的。

正确的方式是站在用户的角度进行引导。例如,如果各位宝宝们因为客观因素没有办法减少晒太阳的时间,那么我建议宝宝们用两种方式呵护自己的肌肤:第一种是购买正规且防晒效果较佳的防晒衣,当然这类防晒衣因为编织密度高,夏季穿起来会感觉有点热;另外一种则是在外出时涂好防晒霜。这两种方式搭配使用效果会更好。

主播站在用户的角度,切实为用户提供了解决问题的有效方法,用户自然会跟随主播的思维继续观看直播内容,同时还会把主播视为专业领域的 KOL。

在直播过程中,主播需要学会找重点并将其攻破,只要主播可以为用户带来实质性的帮助,就可以起到良好的引导效果。

当然,主播虽然经验丰富,但毕竟不是专业领域的专家,对于一些无法及时回

答的问题，主播要学会将粉丝及时沉淀。

例如，这些问题也是我和宝宝们都头疼的问题，我决定联系一位××专家请教一下。大家可随时关注咱们后台的信息，我会把专家到直播间的具体时间告诉大家。

解决粉丝问题，粉丝才会被主播引导，如果主播只是挖掘了问题，随后提供一款产品，对于低客单价的产品而言或许可以产生转化，但对于高客单价的产品而言，转化很难达成。

5.6.4 分享干货，打破信息不对称

有了实际问题的解决，用户、粉丝对主播的带货内容就没有了抵触感，在方向性引导的过程中，用户、粉丝会对产品渐渐产生兴趣。但如果用户对产品的认知不够全面，就容易出现主播分享这类产品时，用户、粉丝无法第一时间触达主播想要传达的信息，高客单价产品的价值无法被充分体现的情况。

针对这种情况，我们总结了一些技巧与方法，便于大家在带货高客单价产品时，可以规避信息不对称的问题，如图5-6所示。

图5-6 高客单价产品带货技巧

1. 讲高客单价的原因

产品的评定方法依然是采用对比的方式，将高客单价产品与同类型低客单价产品进行对比。

例如，一款高客单价护肤品，虽然同时具有补水的功效，但相比一些低客单价

产品，它的成分有哪些不同，这些不同换算成价值是多少等，这是这类产品价格高的主要原因。

2. 讲产品真伪、优劣的识别方法

高客单价产品往往属于品牌产品，而品牌产品就容易出现一些仿品，帮助粉丝学习辨别真伪的方法是确保粉丝利益不受损失的一种方式，此方式也可以维护主播与粉丝之间的良好关系。

另外，帮助粉丝辨别高客单价产品的真伪、优劣，有助于粉丝对这类产品产生兴趣，同时认可主播的专业能力。

3. 讲产品类型的选择方法

由于大多数用户对高客单价产品缺乏全面的认知，主播也可以把高客单价产品不同系列表现出的不同特点，以及对应的不同人群分享给用户，便于他们了解高客单价产品的选择方法。

在这一过程中，主播也可以重点突出自己带货产品的性价比，引导用户转化下单。

4. 讲产品购买技巧

产品购买技巧的传授主要表现为帮助用户、粉丝迅速成为一个"懂行"的人。

例如，在购买××产品时，你只要说出××名词，销售人员就不敢乱报价。

再如，在选择××产品时，你只要同××产品相对比，这款产品的报价就不会太高。

高客单价产品的信息分享要通过干货的方式传递，主播通过话术引导用户、粉丝主动去了解这类产品，主动与这类产品建立连接。

5.6.5 擅长讲故事，赋予产品意义

高客单价产品的价值不仅体现在价格上，品牌背后的故事也是这类产品的价值体现。在带货这类产品时，主播要学会讲故事，故事并不是主播与品牌之间的故事，

而是产品背后的故事。应赋予产品丰富的意义,提升产品在用户眼中的价值。

例如,2020 年 4 月,罗永浩在直播间内带货了一款巧克力。很多粉丝认为按照罗永浩的咖位,直播间带货的巧克力不是德芙也应该是费列罗。但事实上,罗永浩带货的却是一个新锐品牌"每日黑巧"。

这个创建不足一年的国产品牌巧克力在直播间内共收获了 600 万元的销售额。在直播过程中,罗永浩把这款巧克力和一些瑞士巧克力做比较,多维度讲解了这款巧克力的独特之处。

对于高客单价产品而言,在推广过程中必不可少的方式就是融入感情,而通过讲故事营造情感氛围,更能够突出这类产品的感染力,因为相比有特点的产品,有故事的产品会更受欢迎。

5.6.6 帮助用户想象拥有时的样子

在主播直播带货过程中,最能够触动用户购买欲望的,还是帮助用户想象拥有产品之后的样子。这是一种生活的改变,从使用效果到需求满足以及情感方面的体验,可以驱使用户主动购买产品。

当主播抓住用户痛点,挖掘其真实需求之后,就可以进行这类思维引导。只要两者可以迅速匹配,就可以产生良好的效果。

其实这种引导方式是从传统市场升级转变而来的。在传统市场中,销售人员总会建议用户试用一下产品。例如,尝一尝味道,坐上去感觉一下舒适度等,这些方式都是在引导用户联想到拥有产品之后产生的真实感觉。

对于高客单价产品而言,这种引导方式更为重要。相比低客单价产品,高客单价产品的效果会更为突出,用户对拥有产品后引发的联想会更为丰富,产品带来的生活改变也会更加多样。因此,想要带货高客单价产品,先要令用户从思想上拥有产品,之后产生的互动引导才更为有效。

5.6.7 玩转价格策略，花式制造紧迫感

2020年新冠肺炎疫情期间，诸多房地产商开始把市场转移到线上，开展直播售房活动。在这一过程中，出现了很多一天售房十套、业绩达数百万元的经典案例。那么，用户为何在不能实地考察、真实碰触的情况下，依然可以踊跃下单，购买这些超高客单件的产品呢？

我们通过对多场房地产行业直播带货的总结，发现有以下几个关键点。

1. 价格优势

在直播带货过程中，主播会找各种理由为自己的产品降价。同时，主播还会给出带货产品的不同价格。比如，产品正常的市场价、正常优惠后的价格、最大优惠幅度价格以及直播间的价格等。通过层层降价，突出价格优势。

2. 福利优势

将附赠家具、免收几年物业费等多项福利全程贯穿直播活动中。

3. 制造紧迫感

相比前两种带货策略而言，这种策略对于高客单价产品会收到更好的带货效果。

例如，今天我们公司拿出3套140平方米的房子做活动，就只有这3套，活动开始大家速度下单，先到先得，错过再无机会。

再如，这个户型是目前性价比最高、最受欢迎的户型，如果不是新冠肺炎疫情的原因，这一户型开盘第一天就会被抢光。今天，我们拿出20套来做活动，亲们不抓紧一点是很难抢到的。

这类紧迫感往往会贯穿整个直播活动，粉丝在主播不断的催促下，购买欲望会不断增强。

5.6.8 组织团购活动，快速冲销量

企业、商家最愿意看到的高客单价产品销售情况还是批量转化，而批量转化就

涉及一种营销方式——团购。

团购可以提高用户的优惠幅度，同时也便于主播开展带货活动。但高客单价产品的团购活动与低客单价产品的团购活动不同，高客单价产品的直播团购需要一定的社群运营基础，即粉丝对主播的信任度越高，团购效果越好。

对于新手来说，这类团购方式往往很难产生良好的效果。

> 学习笔记：
> 用户不会用客单价衡量产品的价值，只会根据观看直播的体验决定是否购买，高客单价产品同样可以爆单，同样能够成为爆品。

第6章

直播后社群追销升客及社群带货的策略与技巧

商无止境,有止境的只是你不会踢单、追单的商业格局。在"直播+社群营销"组合拳中,社群运营是直播带货升级的主要促进力量。

6.1 直播后社群追销升客的 3 个策略

深度挖掘"直播 + 社群营销"组合拳的价值，需要将两者长期结合运营。前面我们讲到了社群运营的商业价值，分析了社群运营对直播活动带来的助力与促进，明确了社群引爆直播间氛围的方法和技巧。但直播活动结束之后，并不代表"直播 + 社群营销"组合拳的商业价值被全面挖掘，因为在直播活动过后，社群追销升客可以为企业、商家带来远超社群日常运营所得的营销效果。

6.1.1 直播结束后如何做好回访咨询

如图 6-1 所示，社群是直播结束后回访的主要阵地。做好直播结束后的社群回访，可以从以下 5 个方面着手。

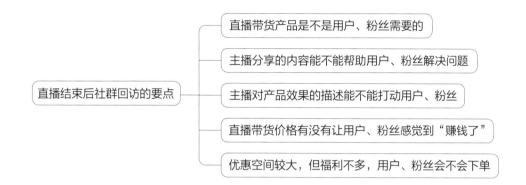

图 6-1 直播结束后社群回访的 5 个要点

1. 直播带货产品是不是用户、粉丝需要的

用户、粉丝对产品的需求,不仅是主播选品能力的体现,更是直播活动中主播引导用户、粉丝成交转化的主要因素。

在这方面信息的收集过程中,社群运营者也需要利用一定的话术。

例如,群主提问的方式应该是:亲们,昨天咱们带货的产品大家最喜欢哪一款呢?说出大家心中的最爱,我们会针对这款产品为大家争取更多的福利。

群主可以将社群粉丝的反馈与直播带货的数据进行对比,如果粉丝喜欢的产品与销量最高的产品不同,那么企业、商家需要思考造成这种差异的主要原因。

2. 主播分享的内容能不能帮助用户、粉丝解决问题

在直播活动过程中,主播必然会分享一些专业知识、技巧以及产品使用体验等,如果这些内容可以帮助用户、粉丝解决实际问题,则可以有效引导用户、粉丝下单,同时还可以提升粉丝对主播的忠诚度以及对社群的依赖性。

在直播后的回访中,这方面的内容也是重点。

例如,各位宝宝们,还有对昨天直播中××问题存在疑惑的吗?有什么经验要分享给其他小伙伴吗? ××随时候命,有相关问题我会随时为宝宝们解答。

这种通过分享专业见解和专业知识解决用户问题的方式是主播树立人设的过程，用户、粉丝会选择可信任的主播购买产品，信任其推荐的产品能够解决自己的问题。

3. 主播对产品效果的描述能不能打动用户、粉丝

对于一些在直播过程中专业知识分享相对较少，而将产品效果作为主要卖点的直播活动，在后续社群回访过程中，主播对产品效果的描述也是需要回访调查的内容。

有些产品的效果十分突出，但主播引导方式出现了偏移，会导致粉丝下单数量没有达到预期。

例如，宝宝们，上次带货的产品在全网口碑都非常赞，大家有没有感觉使用之后有惊喜呢？

通过这类问题的引导，企业、商家的运营团队可以总结出用户、粉丝对产品使用效果的关注重点，便于运营团队重新为主播编撰产品带货脚本，将产品效果描述再次升级。

4. 直播带货价格有没有让用户、粉丝感觉到"赚钱了"

用户、粉丝在愉悦的心理下更容易下单，而为用户、粉丝营造愉悦心理氛围的关键之一，就是带货产品的价格有没有打动他们。

例如，宝宝们，昨天咱们直播间里带货的××产品应该是全网最低价了，买到就是赚到了，但这样的活动没办法长期开展，下次再拿到这么大的优惠时我们还会第一时间分享到咱们群里。

如果回答"感觉优惠幅度一般呀""肯定不是全网最低"的用户、粉丝数量居多，则代表带货的价格还没有令粉丝感觉到"赚到了"。

如果回答"谢谢主播啦，自己和朋友都已经入手啦"的用户、粉丝居多，则代表带货价格已经深度打动了用户与粉丝。

5. 优惠空间较大，但福利不多，用户、粉丝会不会下单

很多时候用户、粉丝在直播间内下单的一个主要原因是福利，这种福利重点体

现在产品的赠品上。

目前，各大自媒体平台上都流行着这样的短视频：画面中主播直接大喊，99元1包、2包、3包，不数了，直接10包××，今天来我直播间，我再送2包××，2包××。

从产品自身的价格来讲，10包99元并没有太大的优惠空间，但真正打动用户的还是赠品的数量。由于喜欢这种带货类型的用户较多，所以在直播过后的回访中，对于这一情况也需要充分了解。

例如，各位宝宝们，今天××品牌来找我们，准备了99元10包××产品的优惠活动，价格上我们压不下来了，我们为宝宝们多要点××赠品怎么样？

根据粉丝的反馈，企业、商家可以对比出这类福利活动对粉丝购买的欲望刺激是否明显。

直播后的社群回访，是不断优化"直播+社群营销"组合拳运营的主要方法，围绕以上5个关键点不断进行总结，既可以优化社群运营，又可以提升直播带货的效果。

6.1.2 社群种草产品如何做促单

社群种草是"直播+社群营销"组合拳中另外一个产品转化渠道。对于社群种草而言，主要的销售结构为：新客户购买，老客户复购，老客户推荐复购。种草的位置虽然在社群当中，但成交的场景却十分丰富，因为社群制造了圈子、氛围、场景，让用户、粉丝了解企业、商家的服务和产品，所以成交不再局限于社群之中。

对于社群种草而言，群内当然还是主要的成交阵地，但除此之外社群粉丝也会主动将喜欢的种草产品分享给朋友，让错过群内信息的朋友和群外的用户也能看到信息并下单。

同时，社群种草之后一对一追销也十分有必要。因为超过50%的业绩是靠种草后的回访产生的。在社群运营中，多关心粉丝，保持高效互动，帮助粉丝解决各类实际问题，即便本次没有成交，也给粉丝留下了印象，促进下次成交。

当然，想要获得社群种草的高转化效果，种草方式同样是重点，下面我们就分享一下社群种草的4种方式。

1. 对比式介绍产品特点，强调特殊性和唯一性

前面我们就曾讲到，在直播带货过程中对比式带货的效果与方法，在社群种草时，这类方法依然可以取得独特的效果。

例如，将羊奶粉与普通奶粉做一个对比，突出羊奶粉的卖点。

定位到产品的独特之处，将产品特点的唯一性作为亮点进行塑造，与其他同类产品进行对比，进而提升产品的品质与价值，这是对比类社群种草的惯用方法。

2. 体验式展示产品

很多企业、商家认为，体验式产品展示常用的方法就是发送含有价格、功能、产品等信息的海报。事实上这种种草方式很难产生良好的展示效果。新媒体时代社群产品体验式种草应该多采用短视频的方式进行分享，将产品的使用方法和使用效果拍摄清楚、展示全面，进而带给用户、粉丝更多心理暗示——购买这款产品后，自己的生活也可以有这样的改变。

3. 讲解产品专业知识

作为产品的生产方、带货方，企业、商家对产品的了解自然更加详细，对相关专业领域的认知也更深，将产品的专业知识在社群中进行分享也是一种良好的种草方式。不过在这一过程中社群运营团队应该考虑到用户、粉丝的接受能力，对专业知识的输出应该选择适合的方式与渠道。

正确的方法应该是把专业名词转化为用户、粉丝听得懂的语言，通过这类语言联系用户、粉丝的真实需求，用产品的效果、作用解决用户、粉丝的实际问题，进而引导用户、粉丝下单成交。

4. 利用情感营销制造舆论

相比直播带货而言社群营销的优势在哪里呢？答案是高互动性和有深度的情感连接。相比自媒体平台，社群中群主、管理员与群内粉丝的互动更加便捷与高效。通过互动，群主、管理员可以和粉丝保持更深厚的感情，对粉丝有更深度的了解。

在这一基础上，运营团队除了通过产品满足粉丝的需求之外，还可以打感情牌，利用情感营销制造舆论，从而取得良好的社群种草效果。

例如，我们运营团队的一位群主就曾在 2020 年母亲节前夕，为会员社群内的粉丝准备了各种母亲节感恩方案。针对用户的实际情况，配备了适当的感恩方法。

由于群内很多粉丝工作繁忙，甚至没有意识到母亲节的到来，群主的贴心举动赢得了粉丝的一致赞扬，不仅方案内种草的产品销售一空，社群粉丝更是主动裂变，帮助社群引入了大量优质用户。

6.1.3 如何通过踢单、晒单做升单

在"直播＋社群营销"组合拳当中，有一个直播后的 2 小时黄金法则，在这一时间段，在社群内通过踢单、晒单做升单①的转化率非常可观。

想要通过踢单、晒单达成升单效果，需要关注直播后的这 4 个关键点。

1. 直播结束后的黄金 2 小时

在直播结束后的 2 小时内，社群活跃度处于最高的状态，也是社群内需要运营团队互动的关键时段。在这期间，社群中踢单的效果非常明显，通过专业的踢单话术，直播间内产品的复购可以达到活动销量的 50%。

2. 社群内种草成交

社群运营也需要有针对性。将直播间内带货的产品根据社群属性进行分类种草，复购效果可以得到再次提升。

---

① 升单是指促使用户复购或购买更高价格的产品。

3. 朋友圈销售

踢单、晒单的最终目的还是升单,所以任何渠道都不能放过。直播过后在朋友圈晒成交量、晒活动福利,可以有效引发关注,进而引导更多私域流量购买。

4.1对1沟通成交

私域流量的引导成交不仅局限在朋友圈中,社群中也可以。对社群当中活跃度较高的粉丝,以及购买欲望相对强烈的粉丝,需要社群群主、管理员进行及时的1对1沟通,产生的升单效果也会十分可观。

学习笔记:

商无止境,有止境的只是你不会踢单、追单的商业格局。

6.2 社群带货活动的 4 个步骤

社群带货与直播带货都是"直播 + 社群营销"组合拳的输出通道。相对直播活动而言，社群带货虽然缺乏直播互动的直观性，但基于日常运营的近距离特点，产生的效果也十分突出。

同时，社群带货活动也拥有系统的方式与技巧，3 个原则构建带货思维，4 个步骤引导用户、粉丝成交。

6.2.1 社群带货的 3 个原则

1. 活动引爆销量

在社群日常运营的过程中，各类活动的开展是活跃社群气氛、为社群引流的关键，也是引爆产品销量的手段。

与直播带货一样，社群带货也是以低客单价产品为主，带货效果主要取决于销量的高低。只有销量达到一定程度，社群带货活动才有保障。

2. 政策吸引购买

所谓政策吸引购买,是指企业、商家制定的活动策略深度打动社群粉丝,进而引导粉丝下单购买。

以 2019 年社群营销成绩高达 3000 万元的一家国内线上企业为例,这家企业在开展社群带货活动之前,就制定了详细的活动政策。其中,仅在社群促活方面就设定了 6 项活动策略。

(1)早安知识分享。每天早晨在社群中为粉丝分享新闻早报,虽然看似意义不大,但经过精美的排版,依然可以引起粉丝关注。

(2)课程回听。常见于知识付费类社群当中。

(3)听了光荣榜。设置这种策略的目的主要有两个:第一个是通过鼓励听课认真的粉丝,增强其荣誉感,为后续转化做铺垫;第二个是督促社群活跃度较低的粉丝,使其产生落差感,主动参与到活动当中。

(4)学员反馈。这属于突出产品效果的社群运营方式,通过学员反馈为其他粉丝展示学习后的效果,也可以增强粉丝对社群的信任。

(5)媒体报道。这属于官方品牌背书,通过一些有品质的报道提升社群的专业度。

(6)优秀学员比赛,活动荣誉展示。这类在粉丝内部开展的比拼属于不同产品的不同效果展示,通过比赛结果、荣誉获得情况,展示不同的产品可以带给粉丝哪些改变。

对于企业、商家而言,社群带货活动的策略重点体现在社群促活之上,但对于社群粉丝而言,社群带货活动策略的关注点则是产品成交过程中的福利政策。

(1)特价产品。这项策略不仅要让粉丝感觉到产品便宜,更要令其感觉购买产品是自己占了便宜。

(2)优惠券。群发优惠券取得的效果相比 1 对 1 发放的效果稍低,因为 1 对 1 的优惠券可以让粉丝感觉自己更受重视,"占便宜"的感觉更突出。

3. 服务影响复购

社群带货活动的起点是活动前的预热推广，但带货却不会随活动结束而结束。因为无论直播还是社群，活动之后的复购都是运营团队需要关注的重点。

影响社群带货活动复购的重点是服务，而服务受活动频率、老用户奖励以及后续拼团活动3项因素的影响。

（1）利用定期活动吸引用户。社群服务的品质受社群活动的频率影响，随着社群的发展，社群粉丝不断增加，新用户是否能及时参加社群互动，是粉丝对社群服务优劣评定的关键因素。同时，高频的社群活动不仅可以提高粉丝的活跃度，更可以增强粉丝转化下单的欲望。

（2）奖励老用户，促进老用户不断裂变。在社群运营中，给予老用户足够的重视是社群健康发展的重要基础。因为老用户不仅代表着社群的初始资源，且社群对待老用户的态度决定着新用户对社群的看法。

社群运营过程中为老用户提供更多、更到位的服务，针对不同情况及时给予老用户奖励，可以促进老用户不断裂变，并引导新用户跟随裂变。

（3）及时开展拼团活动。社群粉丝享受的主要福利，便是更多的优惠。针对粉丝的这一需求，社群要定期开展拼团活动。拼团活动可以有效降低客单价，所以这一活动也可以有效提升粉丝的复购率。

以上便是社群带货活动的3个原则，在这些原则之上，社群带货活动还有详细的步骤。如图6-2所示，社群带货活动分为预热铺垫、KOL导师分享、KOC产品种草和引导下单4个步骤。

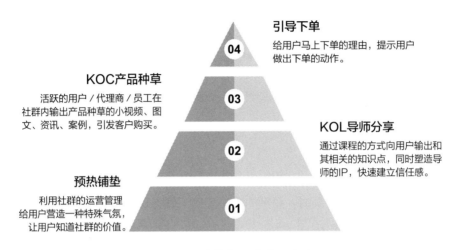

图 6-2 社群带货活动的 4 个步骤

6.2.2 步骤 1：预热铺垫

社群带货与直播带货的第一步都是社群预热。通过社群的运营管理，为社群内的用户、粉丝营造活动氛围，进而高度体现社群的价值所在。

运营团队需要在活动前的一周时间内，使社群氛围活跃起来。主要方式可以是展示以往活动案例或者在社群中分享优质选品。在这一过程中，企业、商家的运营团队需要将社群粉丝的关注度最大化调动起来。

2020 年年初，一家快餐店就在社群中开展了一次成功的带货预热活动。活动之前这家快餐店通过社群运营连接了很多优质用户，并通过提前的福利推广为这些用户赠送了鸭脖、鸡翅等礼品，随后通过"云吃饭""云干杯"活动展开带货。这一活动令当时因新冠肺炎疫情长期处于居家状态的粉丝们把酒言欢了一整晚，整个过程氛围极其火爆，带货量超高。

此后，这家快餐店便把这一活动定期举办了下去，一段时间之后，社群内有不少粉丝更是成了现实中的朋友，常到这家快餐店相聚畅饮。

社群氛围是带动用户、粉丝参加活动的主要因素。如图 6-3 所示，如果企业、商家可以针对以下两点及时调动粉丝的活跃度，那么带货效果将丝毫不亚于直播带货。

图 6-3　社群预热铺垫的两个重点

1. 满足共同诉求

想要全面带动社群粉丝的活跃度，首先需要找到社群粉丝的共同诉求，然后通过整理、对比，选择出基数最大的诉求，针对这种诉求开展预热活动。

对于企业、商家而言，社群的带动不要只局限在用户、粉丝需要什么样的产品，应多去思考产品需求产生的原因，这些原因便是用户的痛点，抓住痛点开展社群带货，效果才会更加突出。

2. 树立共同的价值观

前面我们在讲解直播带货技巧时提到过，主播、运营团队需要准确站位，应站在用户、粉丝的角度思考需求问题，这样才能够解决带货问题。

社群带货活动的预热铺垫是商家、企业寻找用户、粉丝需求点的过程，也是帮助粉丝找到自身需求的过程。通过社群带货活动满足这些需求，在这样的策略下不仅带货效果有保障，用户、粉丝的忠诚度也可以得到有效提升。

6.2.3　步骤 2：KOL 导师分享

社群带货活动有了良好的预热铺垫之后，下一阶段就进入了关键的 KOL 导师种草分享阶段，这一阶段的主要作用是通过 KOL 导师种草，满足更多社群用户、粉丝的共同需求。

KOL 导师种草并不是简单的产品推广，而是有策略的引导。KOL 导师种草分享的流程分为四步。

1. 人性欲望（Desire）：激发渴望

明白了社群用户、粉丝的共同需求之后，企业、商家的运营团队就应该针对这种需求深度激发粉丝的欲望，令其对解决这一需求产生强烈的渴望。具体方法为先抛出问题，并强调问题的危害性，令用户、粉丝产生共鸣。

2. 创造价值（Value）：分享专业知识

作为社群的精神领袖，KOL 必须为社群用户、粉丝创造更高的价值，之后才能实现带货推广，这一过程重点表现为专业知识的分享。

尤其在让用户、粉丝产生共鸣的过程中，KOL 需要通过专业知识的分享，帮助用户、粉丝分析问题产生的原因，以及如何解决，之后用户、粉丝才会对其产生信任，对其种草的产品产生真实需求。

例如，线上教育机构的群主可以针对社群粉丝提出的问题进行统一、专业的回答：孩子英语成绩提升慢与平时英语的运用程度有很大关系，运用少导致所学知识只停留在书面之上，孩子对知识的记忆并不深刻，如果可以在日常生活中增加英语阅读量，观看一些中英双字幕的影片，可以有效提升孩子的学习效率。

这类可以通过专业知识的分享解决用户、粉丝实际问题的方式，可以帮助群主、社群在用户、粉丝眼中树立良好的形象。

3. 信任建立（Trust）：打破枷锁

KOL 分享专业知识的另一个优势在于可以迅速拉近与用户、粉丝之间的距离，从而建立良好的信任基础，打破枷锁，顺利引导带货。

KOL 不仅可以通过分享专业知识来建立信任，还可以通过分享亲身体验来建立信任。

亲身体验的分享可以令用户、粉丝的需求找到一个实质的载体，令其产生很好的代入感，从而充分相信 KOL 带货的产品可以充分解决自己遇到的问题。

4. 行动改变（Action）：变得更好

当群主、管理员与用户、粉丝之间建立良好的信任之后，用户、粉丝才会听从 KOL 的指导，改变行动方式，而 KOL 也需要不断向用户、粉丝明确行动的改变是为了让结果变得更好。

这种引导用户、粉丝改变，令其相信改变之后结果可以更好的话术是社群带货成交转化的关键一步。

6.2.4 步骤 3：KOC 产品种草

KOL 种草分享之后，社群用户、粉丝就可以进入一种预下单状态，但能否产生强烈的下单欲望，要看 KOC 产品种草的效果。

尤其是对于一些虚拟产品而言，社群用户、粉丝很难对产品产生直观的印象，这时用户、粉丝就开始犹豫，思考自己要买的究竟是什么。这时社群运营团队要充分带动社群内的活跃用户、代理商、运营团队成员，从不同角度全面进行产品种草。

例如，社群活跃用户可以讲述自己的购买案例，向其他社群成员展示产品的效果，以及产品给自己带来的改变。

代理商可以发布信息，展示产品的资质，增强社群用户、粉丝对产品的信任感。

运营团队成员可以发布短视频、图文，充分展示产品特点，或展示虚拟产品的服务过程，令社群用户、粉丝对下单产品有个具体的概念。

有了全面的 KOC 产品种草，社群用户、粉丝才能有清晰的下单思维。

6.2.5 步骤 4：引导下单

社群带货的最后一步当然是引导用户、粉丝下单。所谓引导用户、粉丝下单，是指给用户、粉丝更充分的理由做出下单付款的动作。

在这个过程中，运营团队的主要工作就是最大限度地压缩用户下单的时间，时间越长出现的状况就越多。所以运营团队不仅要确保下单过程的顺畅性，还要确保下单过程的高效性。

具体的方法前面我们已经讲到过很多次，充分运用各种踢单、晒单技巧和引导话术，让用户、粉丝感觉下单是一个有利于自己的动作，下单就是对高品质生活的追求。

学习笔记：

牢记3个原则，明确社群带货思维；清楚4个步骤，引导社群粉丝顺利成交。

6.3 社群种草的 5 个流程

在"直播 + 社群营销"组合拳当中,很多企业、商家认为社群是这套系统的大后方,而直播窗口才是系统的前线。这种思维代表企业对"直播 + 社群营销"系统还缺乏充分的认知,对社群营销价值的挖掘还不够。

的确,社群运营可以大幅度提升直播带货的效果,并且社群运营的价值也可以通过直播带货来体现。但在社群的日常运营中,社群种草产生的带货效果丝毫不亚于自媒体平台的短视频种草,只要方式方法得当,企业、商家的社群种草可以和用户、粉丝的拔草同步进行。

6.3.1 抛出问题,吸引用户

在社群运营中,最不应该出现的状况是社群活跃度过低。气氛冰冷的社群很难产生商业价值,因为在这类社群当中,用户、粉丝不会对社群产生太多关注,如果群主、管理员再进行枯燥的社群种草,粉丝不仅无法下单转化,甚至会因为抵触情绪离开社群。

活跃社群气氛的主要方式是保持社群内话题的新鲜感。有话题就会产生互动，群主、管理员与粉丝之间，粉丝与粉丝之间的互动才会增加。只要话题有吸引力，社群就会表现得十分活跃。

很多企业、商家的运营团队在社群运营中感觉引发社群互动的话题不好找，因为大家的生活多种多样，对话题的敏感度存在差异，一个话题很难引发大范围的互动。面对这一情况，企业、商家要学会制造话题，学会"疑问式互动"。

正所谓社群当中从来不缺少话题，而是缺乏"利他之心"的发现，发现了问题就可以制造话题，从而留住粉丝。

例如，你知道吗？判断你的皮肤是不是外油内干的方法其实很简单。

再如，你知道出现这样的问题是什么原因吗？想不想快速解决呢？

在社群搭建的技巧讲解阶段，我们就明确了在社群搭建过程中，企业、商家需要明确大多数用户的共同需求，针对社群的属性，企业、商家可以提出很多令用户有共鸣的话题。

另外，话题不仅可以制造，也可以从微博、抖音、快手、微信公众号上寻找，尤其是热点话题，引发社群互动的可能性会非常高。

抛出话题之后，还需一步关键措施才能带动社群用户、粉丝进行互动，这就是"疑问式互动"。

例如，在"你知道吗？宝宝长牙期间经常爱哭闹，经常吸吮手指，容易弄伤手指。"之后提问：妈妈们，你知道这代表宝宝有什么问题吗？

这种提问由于可以与粉丝的切身利益产生直接联系，所以起到的带动性更强。

"疑问式互动"的关键在于把问题引导到社群用户、粉丝的需求之上，联系越紧密，产生的互动性就越高。

6.3.2 进行专业分析，提供解决方案

提出问题，吸引用户关注之后，企业、商家必须及时提出解决方案才能够令用户满意，从而提升用户的信任度，将其转化为社群的粉丝。

为了突出社群的专业性，群主、管理员需要站在专业的角度分析问题，然后给出解决方案。解决方案令用户、粉丝信服，社群形象才能够得到有效提升。

在这一过程中，有一点需要企业、商家注意，解决方案中如果涉及种草产品，那么对这一产品的描述只需要展示产品解决问题的效果与方式即可，不能过多地进行产品宣传，否则真实的解决方案也会被用户视为有目的的广告。

（1）问题分析：皮肤表现为面部油脂分泌过旺，刚洗完脸就感觉面部干燥紧绷，无法缩水，当你的皮肤出现红血丝，这就种情况就更严重了。

不一定是油脂过多，可能是由于饮食油腻引起的，皮肤干燥有可能是角质层无法锁水。

（2）解决方法：

① 平时要注意饮食，不要太油腻。

② 补水的时候，也要记得锁水。

（1）问题分析：宝宝长牙期间，牙龈准备破土而出，经常会发痒，而刚长出来的牙齿较为锋利，宝宝因为痒就喜欢吸吮手指。

（2）解决方法：

① 不要阻止宝宝，因为他很难受。

② 我们可以给宝宝找代替品，比如磨牙棒、磨牙饼干。（这时已经成功引出产品）

解决问题的方法越专业，用户、粉丝对社群的信服力和依赖性就会越高。如果

在这个过程中可以引出种草的产品，那么用户、粉丝对产品的需求就越高。

另外，企业、商家的运营团队要注意，不要急于引出产品，如果解决方案当中没有适时引出产品，这时也不要着急，因为后续还有其他的引出机会，如果产品引出太过牵强，那么粉丝对社群的信任度会大幅降低。

6.3.3 塑造产品卖点

一款产品具备很多成分和功能，只需要针对用户需要，短时间内将产品卖点进行塑造，就可以起到良好的带货效果。塑造产品分为三个步骤：先了解需求，再制造需求，最后塑造卖点。

1. 了解需求

主要采用提问的方式进行引导，从而了解用户需求。

例如，您遇到这样的问题多不多，有多长时间了，平常都用什么产品？

又如，您的宝宝目前有经常咬手指的习惯吗？

再如，宝宝咬手指的时候，您是怎么帮助他的呢？

这类问题不仅可以让我们了解用户的实际情况和实际需求，还可以引导用户向我们带货的方向进行思考。

2. 制造需求

制造需求有时候也表现为深挖需求，在了解到用户的基本情况之后，针对出现的问题帮助用户明确自己的需求。

例如，我建议您选择这样的护肤品套装：锁水＋补水的，每天在固定的时间使用，建议您可以尝试使用××护肤品，非常适合您的肌肤。

您使用的方法可以这样优化，寻找替代品磨牙棒、磨牙饼干。

这些建议方向便是社群带货产品的导入方式，当两者之间产生联系，画上等号之后，带货就成了一种顺势而为的动作。

3. 塑造卖点

塑造卖点主要针对产品特点。在这个过程中对于产品特性可以进行重点强调，不过产品卖点的突出不能太单一，应该按顺序罗列出，令用户、粉丝对产品的品质有良好的认知。

例如，这款产品可以帮助您解决××问题和××问题。

又如，这款磨牙棒对宝宝是没有任何害处的，是专门针对宝宝设计的，可以有效解决宝宝长牙期的××问题和××问题。

卖点的塑造不仅要解决用户的需求，同时还要带给用户足够的安全感。产品的安全感不仅影响着产品的品质，更能够打消用户、粉丝的疑虑，提升带货效果。

6.3.4 营造场景，助销展示

在产品推广展示过程中情感融入的多少，影响着社群带货成果的大小。正如我们前面讲到的，擅长讲故事、营造场景的主播，才能让用户、粉丝产生更强的代入感，成交自然更加顺畅。

情感的融入与群主、管理员的话术有直接关系。

例如，说服用户、粉丝的话术可以表现为：宝宝使用这款产品和不用这款产品，分别会有什么影响。

只要效果描述到位，对比强烈，宝妈对产品的购买欲望就会强烈。

另外，情景话术也可以促进用户购买的欲望。例如，当宝宝使用了这个磨牙棒以后，每天哭闹的次数少了，也会有助于宝宝牙齿的生长。将用户代入到拥有产品之后的场景当中，问题解决后的效果可以被重点突出，用户、粉丝拔草的冲动会更加强烈。

站位准确的群主、管理员还可以分享自身的经验和产品的口碑。

例如，我姐姐家的宝宝就使用这个磨牙棒，特别好用。宝宝现在特别喜欢这款磨牙棒，宝宝哭闹少了，做父母的也能轻松不少。

这些场景案例的描述对于社群产品种草而言必不可少，因为这种方式是用户、粉丝最舒服的拔草方式。下面我们再分享一个场景种草的详细案例，在这一案例中社群种草的流程展现得十分完整。

（案例场景还原）上学的时候，我很羡慕闺蜜的皮肤，因为那就是令人羡慕的牛奶肌。但是大学期间的闺蜜根本没有意识到自己肌肤的珍贵，生活毫无规律，导致皮肤越来越糟糕，差点成为敏感肌。

（深挖痛点）没课的时候她非常喜欢熬夜追剧，有课的时候她喜欢宅在宿舍里点外卖度日，饮食上没有任何忌口。大一还没上完闺蜜的脸上便开始出现小问题。最初只是脸颊两边冒痘泛痒，后来开始泛红起皮，导致闺蜜外出都不敢让别人直视自己的脸。

（分析问题，提供解决方案）我和闺蜜说，她这是脂溢性皮炎，因为之前我也遇到过这样的问题，主要是因为面部清洁不到位、护肤不到位、睡眠饮食不规律造成的。随后便给闺蜜使用了我经常使用的××面膜，这款面膜既能补水也能修护肌肤。一周之后，闺蜜的皮肤开始好转，当然她也不敢像以前一样放肆地生活了。

（推荐产品）上周，我见闺蜜的时候，发现她的脸比以前还要精致，上妆也很服帖，不过现在我也不用那么羡慕闺蜜的牛奶肌了，毕竟有××面膜在，根本不需要羡慕别人啊。

这种使用生活中的场景为用户、粉丝设计拥有、使用产品后的场景，调动用户想象力的方式产生的引导下单效果非常惊人。

6.3.5 引导下单，限时限量

在充分的预热运营之后，社群用户、粉丝便可以进入关键的下单环节，在这一阶段能否有效压缩下单所用的时间从而提升下单效率是关键。

引导下单主要表现为限时限量的话术引导。

（1）成交话术：现在我们有活动，现在下单只要×××元。

（2）连带话术：现在我们还推出了这个产品的组合，配套一起使用更好。

（3）提醒下单动作：抛出活动优惠图片、购买连接等。

学习笔记：

在新媒体时代，社群流量离你有多远，商业财富离你就有多远。

6.4 社群常用的成交踢单技巧

直播间带货活动需要通过踢单提升成交量，在社群种草、带货过程中，同样需要通过踢单才能达到预期的销售结果。相比直播间内主播的临场话术而言，社群常用的踢单技巧更简单一些，主要表现在福利、价格、特权方面。

6.4.1 限时优惠法

在社群种草、带货过程中，影响用户下单力度最大的还是限时限量政策与优惠幅度。尤其是限时优惠，可以紧抓用户内心，大幅度加速其下单成交的决策。

限时优惠法主要表现为，提醒用户、粉丝现在有活动福利，在活动期间购买更优惠。在这个过程中企业、商家的运营各团队要不断提醒优惠活动的剩余时间，让这种紧迫感贯穿种草和带货活动。

另外，优惠幅度也是重点突出的内容。优惠幅度的突出不能只局限在产品的现价与原价的对比当中，还应该将本次优惠幅度与其他活动的优惠幅度进行对比，表现本次优惠活动的力度，让用户、粉丝感觉到错过本次活动对自己而言就是很大的损失。

6.4.2 价值前置法

社群产品的价值前置可以有效引发社群用户、粉丝的深度关注。在社群种草、带货之前，对产品的价格进行优先突出，告诉社群用户此次活动可以拥有哪些权益，产品拥有哪些价值，之后将价格明确，将价值与价格进行对比，令用户、粉丝看到之间的差异，认识到下单成交后，自己获得的价值空间有多大。

另外，价值前置也是一个触发用户购买欲望的关键环节。因为在价值前置环节中，产品的效果、特性、卖点都会被重点突出，这些关键点对于还存在犹豫心理的用户、粉丝是一种有效的刺激，可以消除影响其下单的因素，令其主动下单购买产品，解决实际问题。

价值前置法还可以被打造成社群带货踢单的一种运营方法。

例如，2020年6月，北京一家医药品店在社群中开展了一项60岁以上老人免费领取止痛膏药的活动，且同意家人携带老人身份证到店铺中领取。在活动过程中这家药店免费赠送了上百包止痛膏药，但同时也销售了数十个解决老年人腰腿疼的按摩器。

社群种草、带货产品的前置价值也可以通过福利、赠品体现，通过提升前置价值，提高产品下单量与踢单成功率，也是种草、带货的一种优质方法。

6.4.3 会员特权法

会员特权礼包可以被视作社群种草、带货的产品，与其他产品相比，这一产品拥有独特的优势。

因为拥有会员特权的粉丝可以被特殊对待，对于社群的种子用户而言，这一产品独具吸引力。

例如，只要购买团购礼包就能成为会员，享受VIP特权服务与专业的导师指导。

在会员特权被明显突出之后，社群内对带货产品有较大需求的种子用户就会对会员特权产生浓厚的兴趣。这时群主、管理员对其进行 1 对 1 的引导，帮其明确升级为会员后的价值与利益，就很容易引导其升级到会员社群。

6.4.4 晒单踢单

社群成交踢单同样需要晒单方式的促进，主要通过文案来实现。运营人员可以利用"赞美 + 特权 + 感谢"的结构进行文案创作，及时在社群内发布信息，制造消费的紧张氛围，再给予用户尊重，可以帮助企业、商家实现产品的宣传、推广。

例如，恭喜 ×× 购买 ×× 品牌会员卡，成为 ×× 品牌的尊享 VIP 会员，您将享受到我们的专属育儿顾问服务，现在成为会员，还可以参加会员群每周的抽奖活动，感谢您的支持。

这类晒单信息的目的主要是突出会员与非会员的区别，在突出会员优势的过程中，营造社群内升级的紧张氛围，并给予会员用户足够的尊重，进一步突出会员的优势。

6.4.5 1 对 1 私信群发通知

在"直播 + 社群营销"组合拳当中，回访是一项非常重要的工作，尤其在直播带货、社群种草、社群带货活动后，及时回访不仅可以提升复购率，更可以促进社群粉丝主动裂变。

社群回访同样以文案形式为主，找准切入点，对企业、商家的潜在用户，采取 1 对 1 私信的方式进行回访，获得的踢单、复购收益非常可观。

私信群发文案：感谢您参加我们××活动，不知道您在直播间有没有抽中礼品，但我现在想把这个福利送给您……

学习笔记：
社群运营如同足球比赛，临门一脚的价值就是你全场奔波价值的总和。

后记

2020年4月28日，中国互联网信息中心发布了第45次《中国互联网络发展状况统计报告》。报告显示，截止到2020年3月，我国网民规模扩大到了9.04亿，较2018年年底增长7508万，互联网普及率达64.5%，较2018年年底提升4.9个百分点。手机网民规模达8.97亿，较2018年年底增长7992万，占比99.3%，较2018年年底提升0.7个百分点。

在大众毫无察觉的过程中，"全民直播"时代悄悄来临，这项2019年很多企业、商家不屑一顾的商业活动，如今已发展成时代风口，令曾经轻视它的人"高攀不起"，且依然保持着惊人的发展速度，逐渐成为新商业的主流模式。

我们认为当大众发觉"全民直播"时代到来时，再跟风发展已经失去了先机，惨烈的市场竞争会淘汰大量毫无新意的跟风者，虽然对于企业、商家而言直播卖货是未来发展的必然趋势，但想要健康发展和高速发展，就必须思索出令直播带货产生质变的"强者之道"。

2020年，无数企业、商家通过直播卖货突破困局，C位出道。我们认真解析了这些成功案例之后发现，未来在商业发展过程中，无论企业、商家的线下实体业务发展如何，线上的激烈竞争已然无可避免，直播带货已成必然之势，但"直播+社群营销"组合拳才是掌控未来的稳赢利器。

传统直播带货模式正在黯然失色，创新型"线上+线下同步营销带货"模式渐渐兴起。我们利用3个月的时间对这种模式进行了梳理，终于完成了这本书。

书稿完成之时，心中更是兴奋不已。本书虽称不上鸿篇巨著，但也是我们点灯熬油的心血。在此对本书编撰过程中帮助过我们的各位朋友表示感谢，本书的精选案例和前沿观点离不开你们的倾心指导，一些挚友更是在本书编撰过程中付出了大量心血。我们坚信本书的出版定能起到"我食其苦，君解其味"的效果，相信本书可以令更多朋友在新媒体时代获益良多。当然我们的经验与水平有限，书中难免存在些许瑕疵，希望各位朋友多多包涵，多多指正。

凯瑞　郑清元